职业教育电子商务专业教学用书

电子商务实务

（第2版）

主编　杨毅玲　张　帆

電子工業出版社
Publishing House of Electronics Industry
北京 • BEIJING

内容简介

本书根据电子商务专业岗位群的岗位职责和能力素质要求，以我国电子商务企业的工作内容为蓝本展开。全书分为电子商务导论、电子商务信息的收集与利用、网络营销、网络媒体、移动商务、跨境电子商务、电子商务物流、电子商务支付与安全问题 8 个项目共 27 个任务，使学生通过学习逐步掌握电子商务工作岗位的要求，有利于学生就业并较快地胜任岗位工作。

本书可作为职业院校电子商务专业课程的教材，也非常适合作为企业在职人员的培训教材和电子商务人员的自学用书。

图书在版编目（CIP）数据

电子商务实务 / 杨毅玲，张帆主编. —2 版. —北京：电子工业出版社，2021.7
ISBN 978-7-121-41560-9

Ⅰ. ①电…　Ⅱ. ①杨…　②张…　Ⅲ. ①电子商务－中等专业学校－教材　Ⅳ. ①F713.36

中国版本图书馆 CIP 数据核字（2021）第 137299 号

责任编辑：陈　虹　　文字编辑：张　彬
印　　刷：北京盛通数码印刷有限公司
装　　订：北京盛通数码印刷有限公司
出版发行：电子工业出版社
　　　　　北京市海淀区万寿路 173 信箱　邮编 100036
开　　本：787×1 092　1/16　印张：12.75　字数：326.4 千字
版　　次：2016 年 12 月第 1 版
　　　　　2021 年 7 月第 2 版
印　　次：2024 年 8 月第 7 次印刷
定　　价：35.00 元

凡所购买电子工业出版社图书有缺损问题，请向购买书店调换。若书店售缺，请与本社发行部联系，联系及邮购电话：（010）88254888，88258888。

质量投诉请发邮件至 zlts@phei.com.cn，盗版侵权举报请发邮件至 dbqq@phei.com.cn。

本书咨询联系方式：chitty@phei.com.cn。

前　　言

本书坚持“任务导向”原则，根据电子商务专业岗位群的岗位职责与能力素质要求，按照任务导入→任务呈现→任务细化→任务实施→实战演练这一规律，将知识点融入项目中，结合任务引出知识点和技能点，实战性强。通过“导入案例”及“案例思考”提出任务内容，引起学生的思考，引出相关知识；通过“案例”“练一练”细化、实施任务；通过“练习题”来检验学生的技能掌握情况。这样的设计融先进的教学理念于其中，符合职业院校学生的心理特点和学习规律，体现出职业特点。

本书以我国电子商务企业的工作内容为蓝本，将电子商务策划工作细分为 8 个项目共 27 个任务。这 27 个任务是根据电子商务的典型工作任务，经分析整合、提炼整理后得出的，涵盖了电子商务的主要理论知识和所需技能，符合电子商务企业的工作流程和任务分配情况。和第 1 版相比，第 2 版增加了 App、跨境电子商务、电子商务支付等相关内容。

根据企业提供的建议，本书在正文和练习题中分别设置了“练一练”“综合实训题”，模拟企业的实际工作任务，在具体任务中充分调动学生的学习积极性，带动学生参与到学习中来，发挥学生学习的主观能动性；引导学生在完成任务的过程中提升综合能力，如语言沟通、信息查找、归纳分析、计算机应用、演讲答辩、团队合作等，使学生不仅能学习电子商务知识，还能掌握收集电子商务信息、撰写电子商务项目策划方案等技能，提高自身的综合素质，有利于以后的职业提升。

将本书作为教材时，教师既可以采用任务驱动教学法，也可以采用案例教学法，还可以采用传统的理论教学方法。每种方法所需的资料、案例及内容均有涉及，因此，教师可以根据自身和学生的实际情况，灵活地选用教学方法。如若条件具备，笔者建议采用任务驱动教学法，以获得更好的效果。

本书由杨毅玲、张帆担任主编，郭佳、汤少红、陈悦娜参与编写。为了方便教学，本书配有电子教案及部分习题答案，请有此需要的教师登录华信教育资源网注册后免费下载。

在本书编写过程中参考了大量资料，并从公开发表的书籍、报刊和网站上选用了一些案例和资料，特向有关单位和个人表示诚挚的谢意。由于编者水平有限，编写时间仓促，书中疏漏与不妥之处在所难免，敬请读者批评指正。

编　　者

目　录

项目一

电子商务导论

技能目标

能描述电子商务的概念模型
能判断企业电子商务交易模式的类型

知识目标

掌握电子商务的主要交易模式
了解各大电子商务网站的发展历程

素质目标

培养学生积极参与电子商务基础活动
培养学生对电子商务基础的好奇心和求知欲

建议课时数

8

任务一　认识电子商务

导入案例 1-1

近年来，我国的电子商务交易额一直保持快速增长势头。2019 年“双 11”，阿里巴巴平台未经审计的数据显示：14 秒，成交额破 10 亿元；1 分 36 秒，成交额破 100 亿元。最终“双 11”整日成交额定格在 2684 亿元，2018 年为 2135 亿元。这让人们看到了我国网络零售市场发展的巨大潜力。EC 公司也要加入到这股电子商务的潮流中，做电子商务的弄潮儿。

小龙大学毕业后进入 EC 公司实习。EC 公司是一个传统的服装企业，在国内有批发门市部，也做国外市场。小龙被分配到发展部，负责公司的战略规划及文档处理。

电子商务的发展如火如荼，各种模式的电子商务发展飞快，各类平台的发展也很有特色。EC 公司也想把公司接下来的发展重点放到电子商务上面。

一天早上，小龙接到任务，经理计划就最近电子商务的发展趋势及公司的实际情况做一个调查研究并制订发展方案。小龙虽然在大学里学过“电子商务概论”这门课，但是对电子商务的现状和发展趋势不是很了解。他怎样才能做好市场调查，并将资料提供给经理参考呢？

小龙边查资料边记录。他觉得要灵活运用电子商务的各种技能，帮公司发展电子商务，就必须先打好理论基础。

案例思考

小龙准备先弄清楚几个基础问题，即电子商务的最大优势是什么，和传统商业模式对比有何不同；现如今电子商务的发展特点和发展点各在哪里。你能利用现有知识帮他分析一下吗？

一、电子商务的产生

电子商务（Electronic Commerce，EC）通常是指在全球各地广泛的商业贸易活动中，在开放的网络环境下，基于浏览器/服务器应用方式，买卖双方不谋面地进行各种商贸活动，实现消费者的网上购物、商户之间的网上交易和在线电子支付，以及各种商务活动、交易活动、金融活动和相关的综合服务活动的一种商业运营模式。美国在《全球电子商务纲要》中称，电子商务是利用互联网进行的各项商务（包括广告、交易、支付、服务等）活动。

电子商务最早产生于20世纪60年代，发展于20世纪90年代。其产生和发展的重要条件主要包括以下几个。

（1）计算机的广泛应用。近几十年来，计算机的价格越来越低，处理速度越来越快，处理能力越来越强，应用越来越广泛，这为电子商务的应用打下了基础。

（2）互联网的普及和成熟。互联网逐渐成为全球通信与交易的主要媒体，且上网用户呈数量级增长趋势，其快捷、安全、低成本的特点为电子商务的发展提供了应用条件。

（3）信用卡的普及应用。信用卡以其方便、快捷、安全等优点成为人们消费支付的重要手段，并由此形成了完善的全球性信用卡计算机网络支付与结算系统，为电子商务中的网上支付提供了重要手段。

（4）政府的支持与推动。1997 年欧盟发布了《欧洲电子商务提案》，随后，美国发布了《全球电子商务纲要》，电子商务开始受到世界各国政府的重视。许多国家的政府开始尝试网上采购，这为电子商务的发展提供了有力的支持。

二、电子商务的发展

电子商务的推广应用是一个由初级到高级、由简单到复杂的过程，对社会经济的影响由浅入深、从点到面。从在网上相互交流需求信息、发布产品广告，到在网上采购或接受订单、支付账款，企业都在尝试应用电子商务，直至覆盖全部业务环节。从发展上来看，电子商务经历了表1-1所示的几个阶段和时期。

表1-1　电子商务发展阶段

发展阶段	时　期	主要发展
信息发布阶段	孕育期	从20世纪70年代开始，电子邮件的平均通信量以每年几倍的速度增长。从1995年起，以Web技术为代表的信息发布系统爆炸式地成长起来，成为Internet（因特网）的主要应用
电子商务阶段	起步期	电子商务在美国也才刚刚开始，之所以把电子商务列为一个划时代的事物，是因为Internet的主要商业用途就是电子商务
全程电子商务阶段	发展期	SaaS（Software as a Service，软件即服务）模式出现，延长了电子商务链条，形成了全程电子商务概念模式
智慧阶段	成熟期	2011年，互联网信息碎片化与云计算技术愈发成熟，主动互联网营销模式出现，i-Commerce（individual Commerce，个体商业）顺势而出，电子商务摆脱了将传统销售模式生搬上互联网的现状，以主动、互动、用户关怀等多角度与用户进行深层次沟通

图1-1所示为中国服装业电子商务发展的4个时期。

近年来，电子商务呈现出快速增长势头。“十二五”期间，电子商务被列入战略性新兴产业的重要组成部分，成为新一代信息技术的分支，从而成为下一阶段信息化建设的重心。

那么，哪些技术能够决定电子商务的未来？其实，云计算、智能终端、地理位置服务、移动支付、手机二维码等都是影响电子商务发展的关键性技术。在这些新技术的驱动下，电子商务将展现出更加广阔的发展前景。

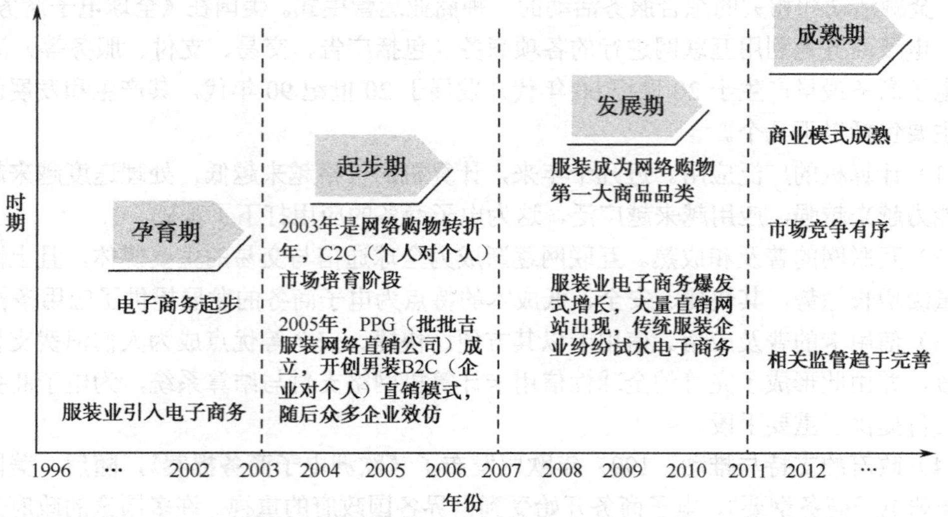

图 1-1　中国服装业电子商务发展的 4 个时期

（一）新技术

不同于美国的商务驱动型电子商务，中国的电子商务更多是技术拉动型的。美国的 IT（信息技术）和互联网技术发展较早，企业的商业需求推动了这些新技术的商业应用，电子商务就是其中之一。而中国在电子商务发展之初缺乏必要的技术支持，商业需求无法转化为现实的经济形态，因此技术才替代商业需求，成为拉动中国电子商务发展的重要动力。

1. 迈向云端

云计算本质上是计算资源的优化利用，一些大型电子商务企业（如亚马逊、阿里巴巴等）可将闲置的计算资源通过云计算的模式利用起来，为中小型电子商务企业提供云服务。而中小型电子商务企业则可通过云计算用更低廉的成本获得开展电子商务所需的存储、计算等资源。

在电子商务领域，亚马逊最早实现了云计算的商业化。为应对高峰时期的电子商务交易需要，亚马逊采购了大量服务器，然而在平时，这些服务器只能闲置，造成资源的浪费。于是亚马逊尝试将这些资源出租给其他电子商务企业，反而形成了新的市场。这种模式实际上就是云计算的初级模式。

阿里巴巴“商业云”也采用了这种模式，但是在外延上进行了扩展。时任阿里软件总经理王涛认为，亚马逊仅仅提供出租云计算、存储和网络服务，而阿里软件云计算战略还提供适合国内用户的各种电子商务服务，如营销服务、管理服务、交易服务等。这在 IBM、Google、微软等其他云计算厂商那里是很难得到的。

国内还有一些软件厂商通过 SaaS 这样的云计算模式为其他企业提供电子商务服务。用友董事长王文京就对媒体表达了他的云服务构想：第一步是帮助企业做好电子商务的后台管理，第二步是帮助企业做好在线营销，第三步是提供电子商务交易服务。此时，不少业内人士将云计算带来的机遇视为电子商务发展的第三次浪潮。

云计算资源池中的资源就像水、电一样，价格低廉而又无处不在，想要开展电子商务的用户可以像逛菜市场一样，挑选出自己需要的设备、软件、应用等，而不必自己投入巨额资金进行购买和研发，既可享受高质量的服务，又可节约成本。因此，云计算使电子商务的整体环境产生很大的改变，由此带来电子商务发展的新的井喷效应。

2. 智能终端新战场

《中国互联网络发展状况统计报告》显示，截至2020年3月，我国网民规模达9.04亿人，互联网普及率为64.5%，手机网民达8.97亿人，近80%的网络购物发生在移动端。移动智能终端已成为电子商务企业的新战场。大部分电子商务企业转向移动商务，并以社交为主流形式。微信是社交变现的优秀承载者，有天然的场景和连接机制；短视频用户规模达7.73亿人，网民使用比例为85.6%；小程序将成为新的连接点和爆发点。

社区已成为新一轮战场，平台会布局消费者“3千米生活圈子”之内的门店，选一些社区门店进行新模式的合作而不会全部自己布点。平台为商家提供个性化的服务，以给商家赋能，给商家带来的还是流量。

3. 基于定位技术的商业机会

定位技术是将商家与消费者连接起来的有效媒介。依靠定位技术，商家可以向进入服务覆盖区域的用户终端发送区域内的商家名称、产品与服务、优惠活动等信息，消费者则可结合自己的需求进行选择。这样的营销方式具有精准、定向、及时和互动的优势，能在第一时间抓住消费者的需求，也能在较短的时间内将消费者需求转化为具体的经济效益。因此，从商家层面来讲，定位技术非常受欢迎。

4. 手机二维码应用前景广阔

二维码的技术门槛不高，而且应用前景广阔，可用于制作各种电子化票据和证据，如电子票（电影票、演出票、火车票、飞机票等）、电子优惠券、电子提货券、电子VIP卡、积分兑换凭证等。利用手机二维码技术，消费者只要利用手机拍下商品的二维码标签，就能借助手机上的二维码识别软件识别出商品的种类、单价、厂家、规格等信息，然后选择要订购的商品，并输入数量，即可成功购买商品。商家会将消费者购买的商品送至家中。预计在不远的将来，二维码将成为移动商务的一项“标配”性技术，从而大大拓展移动商务的市场空间。

（二）新理论

电子商务中大数据理论的应用主要体现在以下几个方面。

1. 实现精准营销

对电商而言，在开展市场营销活动的过程中对大数据技术进行合理引进，能够降低市场营销所需的人力、物力和财力成本。企业可根据市场现状及企业的实际需求，有针对性地构建分布式存储系统，通过大数据技术对市场营销所涉及的海量数据进行挖掘与分析，对不同平台中的用户，按其呈现出的浏览习惯、个人喜好与其他相关信息贴上相应的标

签，形成用户画像，为企业产品和服务的精准营销工作提供科学、系统的参考依据。

2. 提升购物体验

想要成功吸引平台中用户的注意力，在对大数据进行应用的过程中，电子商务企业应当将关注的重点放在对相关平台进行构造方面。以淘宝网为例，其在对淘宝网页面所涵盖的广告进行排版和布局的过程中，通常会将用户对商品的浏览数量、访问比例及人群分类作为参考因素，对广告的布局进行调整，只有这样才能实现对广告投资回报率的有效增加。除此之外，对大数据技术进行合理应用，不仅能够对用户所具有的个性化需求给予满足，而且可以提升用户在购物过程中的体验，从而提高用户购物满意度。

3. 提升库存管理水平

对于零售行业而言，想要保证所确定指标效率的准确性，前提在于明确商品销量与库存之间的比例。应用大数据技术完成库存管理工作，可以提升对商品库存进行追踪的实时性与科学性，同时可以通过对市场供求变化趋势加以分析的方式，对市场的发展方向进行准确把握，从而保证生产计划的合理性，最大限度地降低库存出现积压情况的概率，实现电子商务企业资金周转能力的提升。

（三）新方向

下面一起来看看值得关注的6个电子商务发展方向。

1. 全渠道——无缝的用户体验

通过实施全渠道方式为用户提供服务、进行产品销售和营销，能够使其在线上和线下获得统一且互联的用户体验。无论用户身在何处、以什么方式与企业建立联系，都可以创建全渠道用户体验。如今，大多数知名品牌商都开始创建全渠道体验模式，借助统一的品牌形象确保消费者获得统一的体验，继而给企业带来更好的销售业绩。

2. 社交电子商务——“汇合点”

社交电子商务是社交媒体和电子商务的一个“汇合点”，研究发现，现代消费者在做出购买决策的过程中，社交媒体发挥了很大的作用，甚至可以改善整体用户体验——通过在社交媒体平台发布购买商品的文章，并附上购买链接（或按键）。毫无疑问，社交电子商务将会成为品牌有效利用社交媒体并将用户参与度转化为直接业务的最佳选择之一。

3. 物联网

零售数字领域将会得到较快增长，而且物联网设备将会占据中心位置，有的可能会提供智能按键服务，有的则可能支持语音启用功能。另外，物联网技术还会大幅提升库存管理和供应链管理效率。

4. 区块链——专为电子商务设计

区块链将会成为电子商务行业的“自然选择”，因为该技术能够高效存储交易数据，且是一种快速、安全的电子商务交易支付解决方案。不仅如此，区块链还能应用于订单处理和货物追踪，全球各国不少电子商务行业领导者都已经开始探索区块链贸易平台了。

5. 人工智能——“机器学习”

人工智能无疑是如今“最时髦”的技术之一，它不仅可以帮助电子商务企业完善推荐引擎、聊天机器人、虚拟助手和自动化仓库运营，而且能够结合大数据了解消费者行为和购买模式。不仅如此，基于人工智能的电子商务分析还可以更准确地预测行业发展趋势，更好地满足消费者需求，提供更个性化的服务。

6. 无人机——无人机快递

无人机的商业化应用时代其实已经到来。事实上，亚马逊在2016年12月就首次尝试了无人机快递，之后仍有电子商务企业尝试推动这一创新服务。与传统物流交付模式相比，无人机更具成本效益，速度也更快。在不久的将来，就会看到无人机像送货卡车一样有规律地运营，并最终取代传统的本地交付服务。

三、电子商务法律法规

2018年8月31日通过的《中华人民共和国电子商务法》（以下简称《电子商务法》）于2019年1月1日起正式施行。从此，电子商务市场变得有法可依，行业逐步正规化，消费者权益能得到更好的维护。

1. 电子商务法的定义

广义的电子商务法与广义的电子商务相对应，包括所有调整以数据电文方式进行的商务活动的法律规范。

狭义的电子商务法对应狭义的电子商务，是调整以数据电文为交易手段、因交易所引起的商事关系的法律规范。

练一练

利用互联网了解网络支付和物流配送的相关法规。

1. 网络支付

（1）《关于网上支付税费担保事宜的公告》。

（2）《电子支付指引（第一号）》。

（3）《非金融机构支付服务管理办法》。

（4）《保险代理、经纪公司互联网保险业务监管办法（试行）》。

（5）《证券投资基金销售机构通过第三方电子商务平台开展业务管理暂行规定》。

2. 物流配送

（1）邮政行业标准《快递服务》。

（2）《关于进境旅客所携行李物品验放标准有关事宜》。

（3）《关于调整进出境个人邮递物品管理措施有关事宜》。

（4）《快递企业等级评定管理办法（试行）》。

（5）《快递业务操作指导规范》。

2. 电子商务法的基本原则

（1）中立原则（包括技术中立、媒介中立、实施中立和同等保护）。

（2）自治原则。
（3）安全原则。

3. 电子商务法的作用

随着电子商务的广泛应用，电子商务法必然起着至关重要的作用，主要表现为如下几点。

（1）为电子商务的规范发展提供法律环境。

（2）电子商务活动可以按照法规程序进行，明确双方的责任，使双方发生纠纷时可以按照电子商务法的有关规定加以解决，从而使电子商务活动有法可依、有据可查，保障电子商务活动按照规范顺利进行。

（3）促进新技术在电子商务中的广泛应用，有效遏制侵犯电子商务交易安全的行为。

4. 电子商务法律关系

电子商务法律关系是指由电子商务法律规范所确认的电子商务活动中当事人之间具有的权利、义务内容的经济关系。

（1）电子商务法律关系主体指电子商务的各方参与者，是享有权利、承担义务的当事人，包括电子商务交易者、电子商务服务提供者、电子商务认证机构、电子商务监管者等。

案例 1-1

知识产权保护

《中华人民共和国电子商务法》明确规定：电子商务平台经营者不得删除消费者对其平台内销售的商品或者提供的服务的评价。电子商务平台经营者应当根据商品或者服务的价格、销量、信用等，以多种方式向消费者显示商品或者服务的搜索结果；对于竞价排名的商品或者服务，应当显著标明“广告”二字。电子商务平台经营者应当建立知识产权保护规则，与知识产权权利人加强合作，依法保护知识产权。知识产权权利人认为其知识产权受到侵害的，有权通知电子商务平台经营者采取删除、屏蔽、断开链接、终止交易和服务等必要措施。通知应当包括构成侵权的初步证据。电子商务平台经营者知道或者应当知道平台内经营者侵犯知识产权的，应当采取删除、屏蔽、断开链接、终止交易和服务等必要措施；未采取必要措施的，与侵权人承担连带责任。

思考

如何通过法律进行知识产权的保护？

课堂随笔

（2）电子商务法律关系客体指电子商务法律关系主体享有的权利和承担的义务所指向的对象，包括有形商品、数字化商品等。

在电子商务条件下，销售者应当承担3项义务：按照合同的规定提交标的物及单据、对标的物的权利承担担保义务、对标的物的质量承担担保义务。

案例1-2

真假品牌

浙江省平湖市的20家企业在国内第三方交易平台网站上宣称"拥有3000万元资产、200多名员工，获得'消费者信得过单位'荣誉，产品为央视上榜品牌"等，网页上还展示了企业的现代化厂房。工商人员在对上述内容进行实地核实时发现，这些企业的注册资金大多仅为几万元，老板和工人加起来不足50人，现代化厂房、央视上榜品牌等更是凭空捏造，其目的就是想骗取相关单位和个人的信任，实现产品销售。

思考

1. 这属于什么方面的案例？
2. 工商部门会给出怎样的处理决定？依据是什么？

课堂随笔

____

____

____

____

四、电子商务的定义与内涵

1. 电子商务的定义

电子商务是以信息网络技术为手段，以商品交换为中心的商务活动；也可理解为在因特网（Internet）、企业内部网（Intranet）和增值网（Value Added Network，VAN）上以电子交易方式进行交易和相关服务的活动，是传统商业活动各环节的电子化、网络化和信息化。

2. 电子商务的特点

电子商务是一种依托现代信息技术和网络技术，融金融电子化、管理信息化、商贸信息网络化为一体，旨在实现物流、资金流与信息流和谐统一的贸易方式。电子商务在互联网的基础上，突破传统的时空观念，缩小了生产、流通、分配、消费之间的距离，大大提高了物流、资金流和信息流的有效传输和处理，开辟了世界范围内更为公平、公正、广泛、有竞争力的大市场，为制造者、销售者和消费者提供了能更好地满足各自需求的机会。

案例1-3

网店与实体店的区别是什么？哪个更有发展前途

电子商务的发展突飞猛进，导致很多实体店关张，不少店面贴上了出租转让的广告。网店表现出了更强劲的发展势头。

各种网购狂欢节使网店的卖家赚足了钞票，他们抓住了买家的心理，降价销售，打折促销，达到了惊人的销售点纪录；而实体店却没有网店这么好的销售额。

下面这几项开销的节省，确实为卖家省去了大量资金，从而使商品具有了价格上的优势。

（1）网店省去了房租，确实节省了一大部分开销，无须店面，只要拥有一台计算机，随时随地都可以开一家网店。

（2）网店省去了大量的人力资源，不需要服务员，卖家自己拥有一台计算机就可以解答买家的各种疑问，省去了服务员的工资，又节省了一大笔开销。

（3）网店不需要缴纳税款，这是网店的商品相对于实体店价格便宜的又一个原因。

另外，网店面向的人群极为广泛，不受地域的限制，这就扩大了消费人群，从而能够销售出更多的商品。

但是，实体店也有其优势。网店仅仅是用图片和文字向人们介绍商品，不能试穿或试用，不易使人们真正了解商品的性能；虽然卖家承诺七天包退，但是对于买到了不合适的商品的买家，仍会有很大的困扰。

电子商务的发展适应社会的需要，但是也有卖家以次充好欺骗买家。所以，卖家要在保证价格优势的同时，更保证商品的质量和售后服务。

思考

请思考网店的优缺点，并考虑应如何克服其缺点。

课堂随笔

3. 电子商务的优势

与传统的商务活动方式相比，电子商务具有如图1-2所示的优势。

总体而言，电子商务是运用现代电子计算机技术尤其是网络技术进行的一种社会生产经营形态，根本目的是通过提高企业生产率，降低经营成本，优化资源配置，从而实现社会财富最大化。从这个意义上说，电子商务要求的是整个生产经营方式价值链的改变，是利用信息技术实现商业模式的创新与变革。

4. 电子商务的概念模型

电子商务的概念模型（见图1-3）是对现实世界中电子商务活动的一般抽象描述，由电子商务实体、电子市场、交易事务和信息流、商流、资金流、物流等基本要素构成。

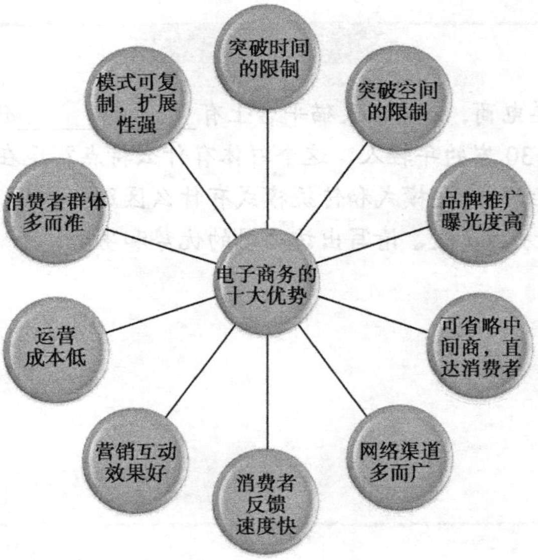

图 1-2　电子商务的优势

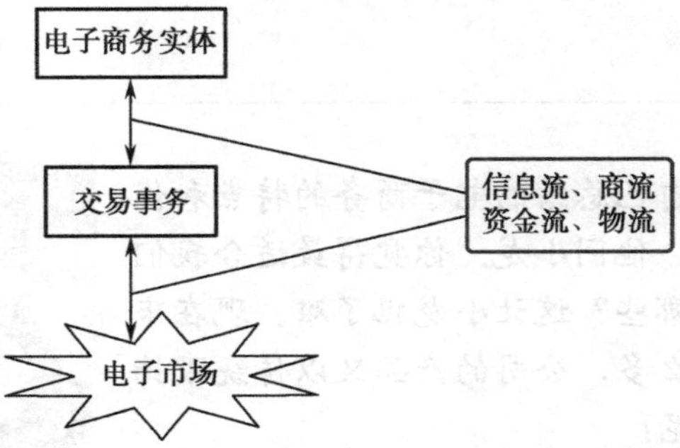

图 1-3　电子商务的概念模型

电子商务中的任何一笔交易，都包含着几种基本的流，即信息流、商流、资金流、物流。信息流既包括商品信息的提供、促销与行销、技术支持、售后服务等内容，也包括诸如询价单、报价单、付款通知单、转账通知单等商业贸易单证，还包括交易方的支付能力、支付信誉等。商流是指商品在购、销之间进行交易和商品所有权转移的运动过程，具体指商品交易的一系列活动。资金流主要是指资金的转移过程，包括付款、转账等过程。在电子商务中，以上 3 种流的处理都可以通过计算机和网络通信设备实现。物流，作为 4 种流中最为特殊的一种，是指物质实体（商品或服务）的流动过程，具体指运输、储存、配送、装卸、保管、物流信息管理等各种活动。对于少数商品和服务来说，可以直接通过网络传输的方式进行配送，如各种电子出版物、信息咨询服务、有价信息软件等。而对于大多数商品来说，物流仍要经由物理方式传输，但由于一系列机械化、自动化工具的应用，准确、及时的物流信息对物流过程的监控，使商品的流动速度加快、准确率提高，能有效地减少库存，缩短生产周期。

在电子商务概念模型的建立过程中，应强调信息流、商流、资金流和物流的整合。其中，信息流最为重要，它能在一个更高的位置上实现对流通过程的监控。

练一练

EC公司是服饰类电商。公司在天猫平台上有__________优势，公司休闲运动服饰的目标顾客是15～30岁的年轻人，这个群体有什么特点？现在这个群体购物时一般采用什么电子商务模式？这些模式和传统模式有什么区别？

如果公司想朝这方面发展，请写出该公司的优势和劣势。

任务二 电子商务交易

导入案例 1-2

小龙向经理汇报了自己总结的电子商务的特点和优势，经理听后表示满意。他问小龙：你觉得最适合我们公司的电子商务模式有哪些？这让小龙犯了难。现在市场上的电子商务模式那么多，公司的产品又以传统服饰为主，哪种模式最适合呢？

案例思考

为了让小龙对电子商务有更进一步的了解，经理建议他做一个市场调查，调查电子商务各个交易模式的优缺点，以找出适合本公司的模式。小龙应该如何做？

一、电子商务交易模式

常见的电子商务交易模式有B2B、B2C、C2C、O2O等。

1. B2B

B2B（Business to Business）是商家对商家的电子商务，即企业与企业之间通过互联网进行产品、服务及信息的交换。换成通俗的说法，就是指进行电子商务交易的供需双方都是商家（或企业），使用互联网技术或各种商务网络平台完成商务交易的过程。这些过程包括发布供求信息，订货及确认订货，支付过程及票据的签发、传送、接收等。

案例 1-4

阿里巴巴集团与慧聪集团

阿里巴巴是由马云等“十八罗汉”在 1999 年创立的企业对企业的网上贸易市场平台。经过 20 多年的发展，阿里巴巴集团已不局限于 B2B 业务，其先后开拓了淘宝网、天猫、聚划算、全球速卖通、阿里巴巴国际交易市场、1688、阿里妈妈、阿里云、菜鸟网络等业务。

2019 年，阿里巴巴集团宣布以 20 亿美元全资收购网易考拉，领投网易云音乐 7 亿美元融资，在《福布斯》全球数字经济 100 强排列榜中位列第 10。同年 10 月，《财富》未来 50 强榜单公布，阿里巴巴集团位列第 11，在“一带一路”中国企业 100 强榜单中位列第 5。12 月，阿里巴巴集团入选“2019 中国品牌强国盛典榜样 100”品牌。2020 年 1 月，阿里巴巴宣布其成为独家电商合作伙伴，并提供电商补贴。

慧聪网成立于 1992 年，定位为 B2B 电子商务平台。2018 年，慧聪网与腾讯在产业互联网产品研发、服务、销售推广等领域开展战略合作，并正式更名为慧聪集团有限公司（简称慧聪集团）。2019 年，双方联合发布新产品“慧企通”。同年 8 月，慧聪物流入驻大湾区，慧聪集团推出线上支付功能，及时抓住大湾区发展的战略机遇。

思考

阿里巴巴集团与慧聪集团有何异同？它们各自的发展方向有什么不同？

课堂随笔

2. B2C

B2C（Business to Customer）是我国最早产生的电子商务模式，是企业对个人的模式。如今的 B2C 电子商务网站非常多，较大型的有京东商城、天猫商城、一号店等。虽然数据显示从 2013 年流量增速已减慢，但是依然抵挡不了 B2C 的持续发展。B2C 平台仍然是很多企业选择网上销售平台的第一目标。

3. C2C

C2C（Customer to Customer）是个人对个人的电子商务模式。C2C 平台为买卖双方提供了一个在线交易平台，如淘宝，卖方提供商品，而买方自行选择商品。

4. O2O

O2O（Online to Offline）是后来兴起的一种电子商务模式，即将线下商务的机会与互联网结合在一起，让互联网成为线下交易的前台。这样，线下服务可以在线上揽客，消费者可以在线上筛选服务，也可以在线上结算。

案例 1-5

滴滴打车：从零到亿（位）的秘密——B 和 C 的平衡术

滴滴打车的出现改变了传统的路边拦车的打车方式，其利用移动互联网的特点，将线上与线下相融合，实现线上打车和下车后在线上支付车费，打造互联网时代下的用户现代化出行方式。

2016 年 3 月底，滴滴打车在全国的用户数量突破 1 亿位。

在“亿邦疯人会”上，滴滴打车运营总监黄宇讲述了滴滴打车的商业逻辑和运营细节，揭开了滴滴打车用户从零到亿（位）的秘密。

（1）滴滴打车软件的用户端成本低，用户发送请求，传到后台的服务器，服务器根据菜单策略，把这个单派给出租车司机，由出租车司机去抢单。出租车司机联系乘客的方式是直接打电话，这就是打车软件的业务逻辑。

（2）滴滴打车的运营要考虑很多环境因素以提高整体成功率。不是说一个单分给越多的核心点司机，效率就越高，而是让每个司机尽可能快地在一定时间内接到想要的单。也就是说，最短距离是最优。

（3）相对于传统的电子商务来讲，滴滴打车并不是很在意客单价，也并不是很在意现金流动。其商业模式是直接把钱从 B 的兜里转到 C 的兜里，所以本身的钱不过是平台的账。这样的模式使它不会过多地关注客单价和交易额这样的数据，而是比较关注乘客订单交易。

（4）运营数据好的表现是平衡，是 B 端和 C 端的平衡，而不是一端的发展影响另一端的发展，带来一个不正常、病态的状况。乘客多了，成交率下降，用户打不到车，体验不好，导致新用户不再使用，老用户减少对软件的使用；司机多了，也不能推论成交率高、用户体验好，因为订单变少会影响司机对软件的使用依赖，司机在线数量和在线时长会减少。

（5）打车业务的 4 个 KPI（关键绩效指标）。新乘客：新 C 不断积累，新的变成老的，老的越来越多；新司机：新 B 不断积累，新的变成老的，活跃司机的比例变化比较平稳，运力逐步提高；在线司机：运力的重要指标，但在线司机不完全等于运力，运力=在线司机数量×在线时长×抢单积极性；成功订单：乘客需求、司机运力、订单分配策略等共同作用的结果，成功订单=订单数量×订单成功率，订单成功率是衡量成功订单的重要指标，受到运力和订单策略的综合影响。

（6）影响订单的 C 端因素，一是补贴，二是天气，三是推广和活动。除此之外还有一些细节因素，如叫车的成功率及司机来得是不是很及时，软件是不是很好用，公司的服务质量够不够好。

（7）影响订单的 B 端因素，主要有司机补贴、分配策略、订单数量、用户行为等。而有些因素共同作用于 B 和 C，如竞品策略、天气、政策、舆论等。

（8）赚谁的钱？是赚司机或乘客的钱还是第三方的钱？其实这三方都可以，要看怎么去赚。第三方的钱很容易赚，包括广告主，商业合作、司机的钱怎么赚？比如，想去付服务费的、想去加油的司机，可以对他们进行收费，给他们提供更好、更优的服务，这也是有可能的；至于乘客的钱，在高峰期打车是可以加价的，加价的钱是完全给司机的，以后滴滴打车可能会分到这笔钱，这就是赚乘客的钱。

（9）滴滴打车先要订单，因为订单是以后使经营产生价值的基础，没有订单，一切广告、一切可能性都是白扯。

思考

如果要做一款专门卖菜的O2O产品，你觉得可以构想一个什么模式？

课堂随笔

练一练

请查找电子商务交易模式例子并填入表1-2中。

表1-2 电子商务交易模式举例

电子商务交易模式	特 点	适合的企业	优 点	缺 点	代表企业

二、电子商务的功能与效益

随着电子商务魅力的日渐显露，虚拟企业、虚拟银行、网络营销、网上购物、网上支付、网络广告等词汇正在为人们所熟悉和认同，这些词汇同时也从侧面反映了电子商务正在对社会和经济产生的影响。

1. 电子商务改变了商务活动的方式

传统商务活动的典型情景是“推销员满天飞”“采购员遍地跑”“说破了嘴，跑断了腿”，而消费者在商场中不辞劳苦地寻找自己所需要的商品。现在，通过互联网只要动动手就可以了，人们可以进入网上商城浏览、采购各类产品，并能得到在线服务；商家可以在网上与消费者联系，利用网络进行货款结算服务；政府可以方便地进行电子招标、政府采购等。

2. 电子商务改变了人们的消费方式

网上购物的显著特征是消费者的主导性，即购物意愿掌握在消费者手中，同时消费者还能以一种轻松自由的自我服务的方式来完成交易，消费者主权可以在网络购物过程中充分体现出来。

案例 1-6

网上购物带来便利

30 岁的王女士是某购物网站的 VIP 会员。生完孩子后，由于没有时间和精力逛街购物，于是开始在网上购物。起初王女士只是在网上买一些孩子的衣服、玩具等小物品。渐渐地，她发现在网上买东西不仅方便快捷，而且价格比实体店便宜，于是便经常光顾网上商城。现在，她已是一名网购迷，几乎所有的生活用品都从网上购买，每周购物 2～3 次。“现在的年轻人大都已习惯了网上购物。”王女士说，她周围的同事们大都在购物网站上有自己的账户，想买什么东西，轻轻一点鼠标，过一两天，商品就被快递到家。“现在，年轻人生活节奏快，没有时间逛街。而电子商务这种方便、快捷的消费模式，正好满足了年轻人的需求。”

思考

在你的生活中，网络购物给你带来了什么样的便利？你的生活是否因此发生了变化？

课堂随笔

3. 电子商务改变了企业的生产方式

电子商务是一种快捷、方便的购物手段，消费者的个性化、特殊化需要可以完全通过网络展示在生产厂商面前。为了取悦消费者，突出产品的设计风格，制造业中的许多企业纷纷发展和普及电子商务，如美国福特汽车公司在 1998 年 3 月将分布在全球的 12 万个计算机工作站与公司的内部网连接起来，并将全球的 1.5 万个经销商纳入内部网。福特汽车公司的最终目的是更好地了解消费者需求，以便能够按照消费者的不同要求，做到按需供应汽车。

4. 电子商务给传统行业带来了一场革命

电子商务体现在商务活动的全过程中，通过人与电子通信方式的结合，极大地提高商务活动的效率，减少不必要的中间环节。传统的制造业借此进入小批量、多品种的时代，使“零库存”成为可能；传统的零售业和批发业开创了“无店铺”“网上营销”的新模式；各种线上服务为传统服务业提供了全新的服务方式。

5. 电子商务带来了一个全新的金融业

在线电子支付是电子商务的关键环节，也是电子商务得以顺利发展的基础条件，随着电子商务在电子交易环节上的突破，网上银行、银行卡支付网络、银行电子支付系统，以及电子支票、电子现金等服务将传统的金融业带入了一个全新的领域。1995 年 10 月，全球第一家网上银行安全第一网络银行（Security First Network Bank）在美国诞生，这家银行没有建筑物，没有地址，营业厅就是首页画面，员工只有 10 人，与总资产超过 2000 亿美元的美国花旗银行相比，安全第一网络银行简直微不足道，但与花旗银行不同的是，该银行的所有交易都通过互联网进行，1996 年，存款金额便达到 1400 万美元。

6. 电子商务影响了政府的行为

政府承担着大量的社会、经济、文化的管理和服务职能，尤其作为“看得见的手”，在调节市场经济运行、防止市场失灵带来的不足方面有很大的作用。在电子商务时代，当企业应用电子商务进行生产经营，银行金融电子化，以及消费者实现网上消费的同时，社会将同样对政府管理行为提出新的要求，电子政务随着电子商务发展而成为一个重要的社会角色。

总而言之，作为一种商务活动过程，电子商务对社会经济的影响会远远超过商务本身。除了上述这些影响外，电子商务还将给就业、法律制度、文化教育等带来巨大的影响，并且会将人类真正带入信息社会。

三、电子商务的效益来源

1. 广告费

核心电子商务企业或网站所有者利用网络媒体向广告客户提供产品、服务、品牌、网站等宣传推广服务，并收取广告费。

2. 交易佣金

交易佣金是指在交易过程中第三方或中介根据交易模式收取的费用。网络经纪、网络门户等电子商务企业都提供交易中介服务，搭建买卖双方的交易平台，根据所提供的交易中介服务向买方或卖方收取交易佣金或手续费。

3. 销售收入

销售收入是指企业或个人销售产品所取得的收入。在互联网环境中，销售模式是企业通过自建电子商务平台进行产品批发和零售服务，从而取得收入的模式。

4. 服务费

服务费是指客户因接受服务而支付给核心电子商务企业的费用，主要有技术服务、租赁服务、咨询服务、娱乐服务、管理服务、支付服务、品牌推广、其他服务等的费用。

5. 订阅费

订阅费是指核心电子商务企业按照一定周期或内容定期或定量收取的固定费用。用户只有缴纳订阅费才能获得定量的内容服务。

6. 会员费

随着互联网金融的发展，大部分电子商务企业以会员注册费的模式收取服务费用，使会员费模式成为一种比较成功的收入模式。

7. 合作分成

在电子商务价值网络中，合作商对核心电子商务企业的价值越来越大，合作分成甚至将成为核心电子商务企业的重要收入来源。

任务三　各大电子商务平台的发展历程

导入案例 1-3

经过一段时间的调研，小龙对电子商务的认知有了提升，但还想学习行业中优秀的电子商务企业的经验。因此，小龙决定研究几个电子商务行业标杆企业，研究它们的发展历程。

案例思考

你知道有哪些较大的电子商务平台吗？

____

____

____

____

一、淘宝和天猫

1. 惊人的数据

先来看看2018年天猫“双11”的过程数据。

00:02:05，成交额突破100亿元；

15:49:39，成交额突破2017年全天1682亿元的纪录；

22:28:37，成交额突破2000亿元。

除了数据亮眼之外，2018年是淘宝/天猫的第10个“双11”，也是马云卸任前的最后一个“双11”。线上与线下联动（新零售）、全生态协同（在会员体系下）及全球化（天猫国际）是2018年“双11”的3个关键词。

“双 11”购物狂欢节是指每年 11 月 11 日的网络促销日，源于淘宝商城（后更名为天猫）2009 年 11 月 11 日举办的促销活动，当时参与的商家数量和促销力度有限，但成交额远超预期。目前，“双 11”已成为中国电子商务行业的年度盛事，并且逐渐影响到国际电子商务行业。

下面盘点一下淘宝和天猫“双 11”2009—2020 年的“成绩单”（见表 1-3）。

表 1-3　2009—2020 年淘宝和天猫“双 11”成交额

时　间	淘宝和天猫“双 11”成交额（亿元）	同比增长（%）
2009 年	0.52	—
2010 年	9.36	1700.0
2011 年	52	455.6
2012 年	191	267.3
2013 年	350	83.2
2014 年	571	63.1
2015 年	912	59.7
2016 年	1207	32.3
2017 年	1682	39.4
2018 年	2135	26.9
2019 年	2684	25.7
2020 年	4982	85.6

2009 年，淘宝商城举办首届“双 11”，当时网购还未蔚然成风，但是依然在短短一天内创造了 5200 万元的成交额，这是那个时代很少有购物平台能达到的高度。

2010 年，中国网络购物市场与电子商务行业表现出强劲的发展态势，因此这一年淘宝商城“双 11”成交额也大幅增长，高达 9.36 亿元且同比增长 1700.0%。

2011 年，淘宝商城“双 11”成交额又实现了里程碑式的飞跃。淘宝商城和淘宝总交易额突破 52 亿元，为 2010 年“双 11”成交额 9.36 亿元的 5.6 倍。值得注意的是，2011 年，京东也开始加入“双 11”战局，打破了“一家独唱”的局面。

2012 年被业内称为“双 11”的爆发点，这一年淘宝商城正式更名为天猫。2012 年“双 11”当日，淘宝和天猫的总成交额达到 191 亿元，其中淘宝达到 59 亿元，天猫 132 亿元。

2013 年，淘宝和天猫“双 11”成交额继续攀升，超过 2012 年的 191 亿元仅用了 13 个小时，最终再次达到新的高峰——350 亿元。

2014 年作为阿里巴巴上市之后的第一个“双 11”，淘宝和天猫产生的数据依旧不负众望，也是 13 个小时就超过了 2013 年的 350 亿元，最终“双 11”总成交额达到了 571 亿元。

2015 年 11 月 12 日零点，2015 年淘宝和天猫“双 11”落下帷幕，成交额达到了 912 亿元，其中无线端占比 68%。

2016 年 11 月 12 日零点，2016 年淘宝和天猫“双 11”落下帷幕，成交额达到了 1207 亿元。

2017 年，“双 11”最终成交额为 1682 亿元，其中无线端占比 90%。全球消费者通过支付宝完成的支付总笔数达 14.8 亿笔，比 2016 年增长 41%。全球 225 个国家和地区加入 2017 年天猫“双 11”全球狂欢节。

2018 年，“双 11”最终成交额为 2135 亿元，同比增长 26.9%。

2019 年，“双 11”最终成交额为 2684 亿元，同比增长 25.7%。

2020 年，“双 11”最终成交额定格在 4982 亿元，但与 2019 年统计口径有些区别。按照同周期、同口径比较，2020 年“双 11”期间的成交额比 2019 年增长了 1032 亿元。

2. 淘宝的发展历程

2003 年 5 月 10 日，淘宝成立，由阿里巴巴集团投资创办。

2004 年，淘宝在竞争对手的封锁下，成交额获得突破性增长。作为新生事物的淘宝出奇制胜——没和 eBay（易趣）争抢既有的存量市场，而是收割疯狂生长的增量市场；仅仅通过 1 年时间，这家“倒过来看世界”的互联网公司就成了中国网络购物市场的领军企业。观察者将之定义为“本土智慧与美国思维交锋，极其耐人寻味”。

2005 年，淘宝超越 eBay（易趣），并且已经把竞争对手远远抛在身后。5 月，淘宝超越日本雅虎，成为亚洲最大的网络购物平台。2005 年，淘宝成交额破 80 亿元，超越沃尔玛。

2006 年，淘宝成为亚洲最大的购物网站。同年，中国网民突破 1 亿位。

2007 年，淘宝不再是一家简单的拍卖网站，而是亚洲最大的网络零售商。

2008 年 4 月 10 日，淘宝 B2C 新平台淘宝商城上线。

2009 年 11 月 24 日，中国东方航空携手阿里巴巴签署战略合作协议。东方航空在淘宝商城开设官方旗舰店，开放全舱位、全航段机票在线销售。

2011 年 2 月 28 日，淘宝因售卖假货被美国贸易代表办公室列入“恶名市场”名单。

2012 年 1 月，淘宝商城更名为天猫，加强其平台的定位。

2013 年 4 月 29 日，阿里巴巴通过其全资子公司阿里巴巴（中国），以 5.86 亿美元购入新浪微博发行的优先股和普通股，占新浪微博全稀释摊薄后总股份的 18%左右，将淘宝电商和 SNS（社交网络服务）的结合进行到底。

2015 年 12 月 24 日，阿里巴巴与国家认证认可监督管理委员会信息中心正式签署合作框架协议，双方共同推出“云桥”数据共享机制，阿里巴巴成为首家直接接入中国质量认证信息数据库的电子商务平台。阿里巴巴旗下的天猫、淘宝、1688 等电子商务平台导入中国质量认证信息数据库，实现自动校验和标注，从而规避无证产品和假冒认证产品。

2016 年 1 月 27 日，“‘成交记录’模块被正式隐藏，但原先销量、评价等信息不会消失，仍正常累积。”阿里巴巴公关部吴铭欣说，“取消（成交记录）后，将会减少不法分子通过成交记录进行的诈骗情形。”同时，如果想要了解销量，只需将鼠标放到“交易成功”文字上，就可看到近 30 天的已出售件数。

2018 年 6 月 20 日，淘宝网发布公告称，关闭手游第三方代充服务，后续开放时间待定。

2018 年 8 月 8 日上午消息，淘宝将进军 MR（混合现实）购物领域，推出产品——淘宝买啊，通过“混合现实”技术实现超现实的未来购物体验，每件商品都是全息的、立体的，各种信息一目了然。

2018 年 10 月，手机淘宝最新版本上线“小黑群”，仅限淘气值在 600 分以上的女性用户创建，分享商品和好友拼单券，最少 4 人成群，15 人为上限。

2020 年 1 月，2020 年全球最具价值 500 大品牌榜发布，淘宝排名第 37 位。

二、阿里巴巴

1999 年 9 月，马云带领的 18 位创始人在杭州某公寓正式成立了阿里巴巴集团，集团的首个网站是英文全球批发贸易市场阿里巴巴。

2019 年 6 月 6 日，阿里巴巴集团提交上市公司年报。年报显示，2019 财年，阿里巴巴集团收入达 3768.44 亿元。阿里巴巴主要业务的发展历程如图 1-4 所示。

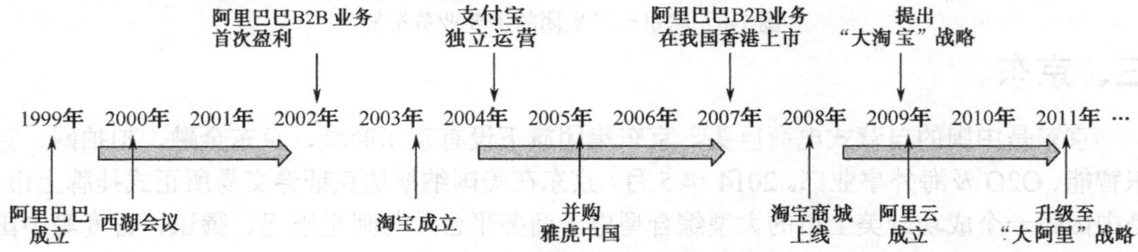

图 1-4　阿里巴巴集团主要业务的发展历程

阿里巴巴集团的业务范围如图 1-5 所示。

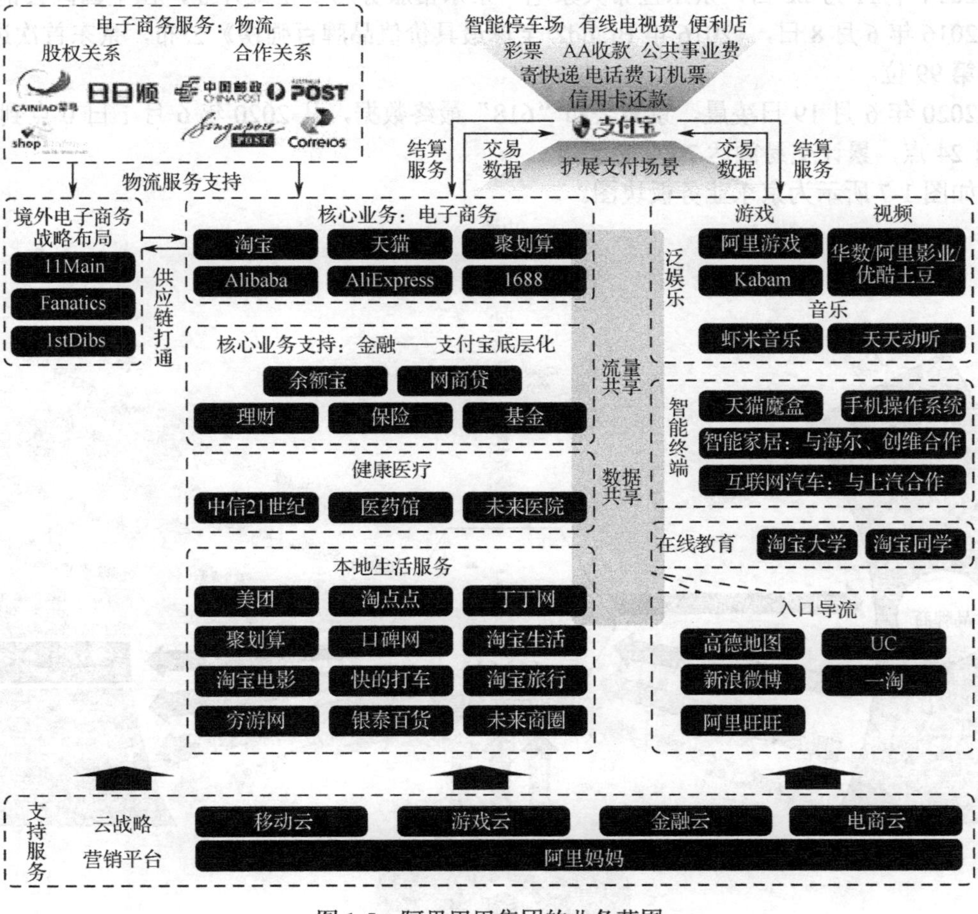

图 1-5　阿里巴巴集团的业务范围

阿里巴巴集团的主要业务框架如图 1-6 所示。

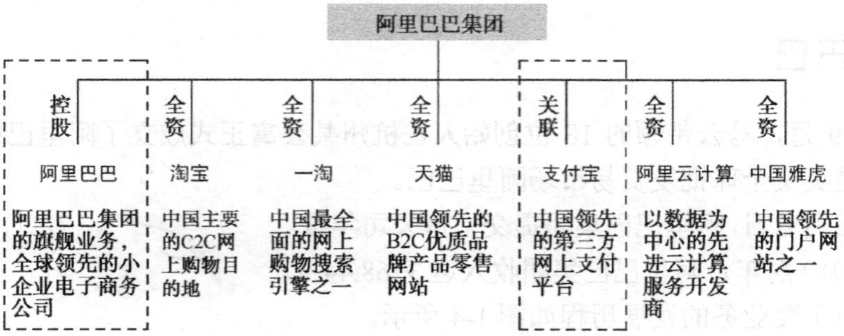

图 1-6 阿里巴巴集团的主要业务框架

三、京东

京东是中国的自营式电商巨头。京东集团旗下设有京东商城、京东金融、拍拍网、京东智能、O2O 及海外事业部。2014 年 5 月，京东在美国纳斯达克证券交易所正式挂牌上市，是中国第一个成功赴美上市的大型综合型电子商务平台，与阿里巴巴、腾讯、百度等中国互联网巨头共同跻身全球前十大互联网公司排行榜。2014 年，京东市场交易额达到 2602 亿元，净收入达到 1150 亿元。

2014 年 11 月 22 日，京东宣布大家电“京东帮服务店”正式开业，在全国区县铺开。

2016 年 6 月 8 日，《2016 年 BrandZ 全球最具价值品牌百强榜》公布，京东首次进入，排名第 99 位。

2020 年 6 月 19 日凌晨，京东公布“618”最终数据，从 2020 年 6 月 1 日 0 点到 6 月 18 日 24 点，累计交易额达 2692 亿元。

如图 1-7 所示为京东业务板块图。

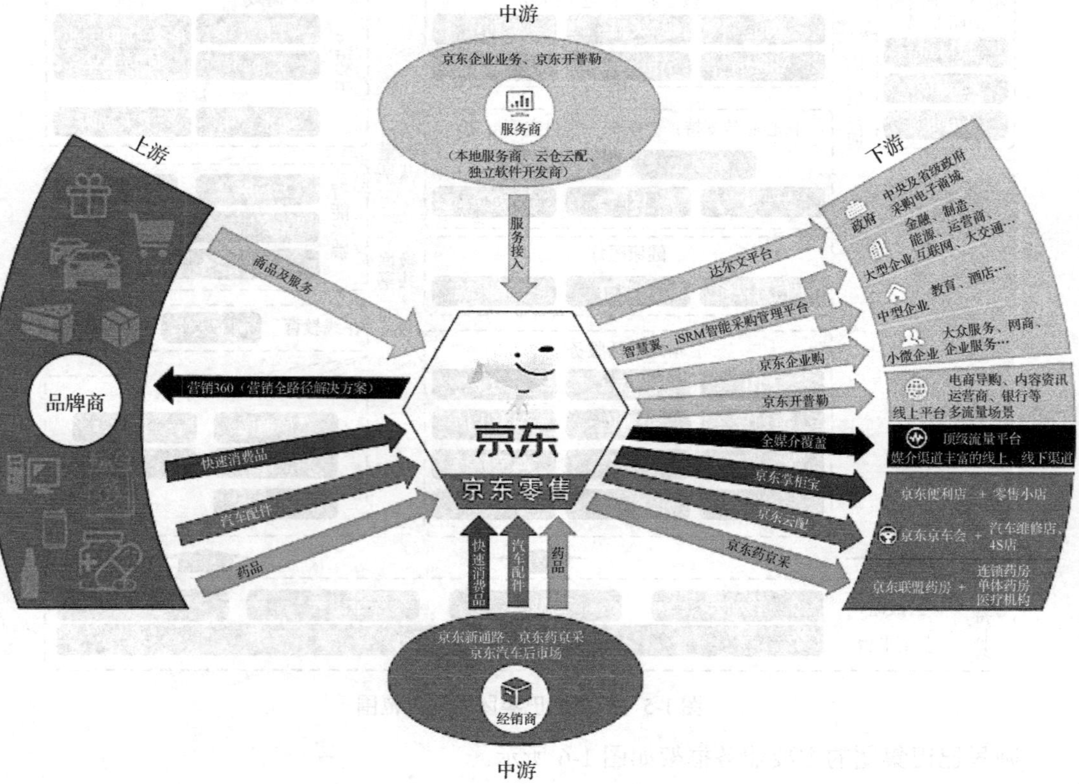

图 1-7 京东业务板块图

案例 1-10

"双 11"电商价格战再起，消费者已有审美疲劳

每年，"双 11"未到，各大电商便使出浑身解数吸引消费者眼球，希望以此能在"双 11"当天斩获佳绩。阿里巴巴、京东等企业除了继续承诺低价外，还纷纷出台全新玩法和优惠措施，开始在跨境电子商务、O2O 等一系列新业务上进行角逐。不过，随着电商造节运动的愈演愈烈，消费者对各种促销手段也逐渐产生了审美疲劳。业内人士指出，在新形势下，提升商品价值和品质、保持创新动力、打造品牌信誉，才是电商实现可持续发展的内核。

思考

针对以上电商巨头价格战的问题，公司的电商发展部门应该如何应对？请提出你的看法。

课堂随笔

练习题

一、选择题

1. 2012 年是中国电子商务的（　　）。
   A. 孕育期　　B. 起步期　　C. 发展期　　D. 成熟期
2. 以下不属于 B2B 网站的是（　　）。
   A. 阿里巴巴　　B. 慧聪　　C. 环球资源　　D. 拉手网
3. 以下不属于网店优势的是（　　）。
   A. 价格优势　　B. 突破了地域限制
   C. 产品体验更直观　　D. 运营成本低
4. 以下不属于电子商务平台的是（　　）。
   A. 淘宝　　B. 天猫　　C. 京东　　D. 阿里云

二、简答题

1. 请谈谈你对电子商务的理解。
2. 从传统企业向电商转型，需要注意的有哪几点？
3. 电子商务交易模式有哪些？能分别举例吗？

4．你知道哪几个大型电子商务平台？

三、综合实训题

从赶集易洗车与呱呱洗车合并，到 e 洗车、功夫洗车相继关闭上门洗车业务，曾经被视为汽车后市场入口的上门洗车业务已接近“全线阵亡”。

相比前几家能够进行转型或合并，“我爱洗车”在资金链断裂、寻求接盘无望后，悄然关门，没有声明，也没有正式的公司解散会议，CEO 李东晋悄悄解散了公司 QQ 群，停用常用手机号，留下了 200 多万元的债务。“我爱洗车”在快速扩展的阶段动作迟缓，未铺下市场；在洗车热潮过去后，已经落后的“我爱洗车”还在谋求独立融资，错过多家企业的收购意向，以至于最终 0 元转让都无人接盘。

请阅读相关新闻，分析并回答以下问题。

1．洗车类 O2O 为什么大多倒闭？原因是什么？

2．为了防止以上情况发生，你觉得在做 O2O 的过程中应该注重哪些方面？

四、项目实操题

实操题一　电子商务网站建设案例分析

1．在网上寻找 3 个有一定知名度的 B2B 电子商务企业。

2．对以上企业的电子商务网站从以下几个方面进行调研。

（1）网站建设。

（2）网站人才建设。

（3）资源整合。

（4）现金情况。

（5）信用情况。

（6）客服态度。

3．对这些电子商务网站从以下几个方面进行评价。

（1）这是一个什么样的网站（从易用性、用户信心、站点资源、客户关系服务和总成本角度观察）。

（2）客户回头率、购物便捷性、产品选择、产品信息、产品价格、网站外观与表现、物品运输和处理、送货准时性、产品相符性、客户支持、订购后跟踪。

（3）网站流量、销售额、网站政策（安全性、个人隐私、装运、退货、客户服务）、使用方便性（设计、导航、订单及取消、广告）和网站内容（分类深度、产品信息、个性化）。

（4）站点浏览器的兼容性、引擎上的出现率、站点速度、链接的有效性、被链接率、拼写错误率、站点设计。

4．小结和体会（至少 6000 字）。

实操题二　揭阳市农村电子商务成功案例分析

1．揭阳市农村电子商务的背景。

广东省揭阳市锡场镇军埔村一群“85 后”接过父辈们创业的“枪”，在一个传统的食品专业村，将淘宝店开得风生水起，揭阳市委、市政府也有一系列政策扶持。军埔村的特别之处在于，几乎每个食品厂旁边都有一家淘宝店。国道 206 军埔路口 50 米外，是军埔村的村口。往里看，一条街到底，满满地挂着各色的淘宝店招牌，形成了一条电子商务街（见图 1-8）。

图 1-8　揭阳军埔电子商务村

2．揭阳市农村电子商务模式。

揭阳市农村电子商务模式可以总结为“一基地”“两大赛”和“三工程”。

“一基地”是指打造面向全国电商的免费培训基地，把全市职业学校、技工学校的电子商务培训资源全部集中到军埔村，让军埔村成为电子商务培训的集聚区、“大学城”。

“两大赛”是指举办“中国电商好讲师邀请大赛”和“中国电商人才擂台大赛”。希望通过“一基地”“两大赛”实现全国电子商务人才“孔雀东南飞”的形势。事实上，现在已有“孔雀”栖在了揭阳的枝头。比如“中国电商好讲师邀请大赛”的 40 位获奖讲师全部受聘担任军埔客座讲师。

“三工程”是指推进“电商下乡”“电商进厂”“跨境电商”三大工程。揭阳实施“电商下乡”工程，建成县级淘宝服务中心和农村淘宝服务站，其中，揭东区和揭西县已实现全覆盖。军埔村已成为中国较具影响力的淘宝村之一。“电商进厂”工程引导企业上网“触电”，以电子商务推动供给侧结构性改革。“跨境电商”工程则结合德贸电子商务工程建设，与德国家族企业、中小微企业合作，在揭阳建立保税仓，把德国的产品拿到揭阳来卖，同时把中国的产品卖到德国去。

3．揭阳市农村电子商务的特点。

（1）做好免费培训基地，为电子商务行业培训人才。

（2）利用“两大赛”机制，让优秀电子商务讲师和优秀电商脱颖而出。

（3）用“三工程”推动“电商下乡”“电商进厂”，和中德电商合作。

4．经验借鉴。

如果你的家乡要大力发展农村电子商务，请结合揭阳的成功经验，提出你自己的设想。

揭阳市农村电子商务模式模仿提示：注意打造良好的电子商务氛围，要有好政策支持，有好机制运作，还要有好团队服务。

要求：1000 字以上。

五、拓展延伸题

印度男士内裤品牌 XYXX 的创业故事

大多数前往海外接受高等教育的印度年轻人，都渴望在当地一家知名公司谋得一份高薪工作。而 30 岁的 Yogesh Kabra 却另辟蹊径，回国后成了印度男士内裤品牌 XYXX 的创始人，并在运营的第一年实现了 1.2 亿卢比的销售额。

很快，这个年轻的品牌就从早期风投基金 Sauce.vc 获得了第一轮 2000 万卢比的种子资金。在描述其品牌名称来源时，他表示："我们所有人都是由一对 99%相似的染色体识别的，只有 1%的染色体能区分人类。而 XYXX 的目标是提供一个通过内裤表达自我的渠道来创造这种差异。"

1．男士内裤市场的商机

从美国回到印度后，Yogesh Kabra 发现印度内裤款式匮乏，质量的选择比较有限，颜色也局限在黑色、蓝色和灰色之间。很显然，这一领域缺乏创新，而对于普通消费者来说，高档品牌遥不可及。在当下电子商务不断发展的环境下，Yogesh Kabra 开始意识到印度内裤市场的局限性，并且想要改变男性对内裤的传统看法，便决定在该领域推出一个物美价廉的品牌，让消费者有更多的选择。

为了奠定一定的面料知识基础，他开始向从事纺织品贸易的父亲学习，并获得了家族 500 万卢比的投资基金。起初他以为只有年轻的消费者才会乐于尝试新事物，但后来发现一些 40 多岁的消费者也在尝试很酷的、印花款式的内裤。

2．XYXX 的独特卖点

对 XYXX 来说，为消费者带来有趣、实用和良好的购物体验是品牌的重点。

其产品从设计到包装都不枯燥，并由超细莫代尔纤维面料制作而成。这款面料提取自奥地利山毛榉木浆，比棉布更加柔软且更加清凉，由于印度常年炎热，柔软、凉爽的面料成为制作内裤的理想材料。

3．定价策略和竞争对手

XYXX 产品价格为 199～400 卢比，很多消费者将在未来从低价转向高端品牌，而此价格将使 XYXX 有机会把握这部分潜力买家。

在高端大众市场领域，少数品牌占据了市场份额，Yogesh Kabra 表示，其竞争对手主要是一些顶级品牌，如 Page、Van Heusen、Polo 和 Ralph Lauren。

4．竞争策略

尽管老品牌主导着线上销售，但 XYXX 也释放了巨大的吸引力，其 30%～35%的消费者是回头客，具有较高的品牌黏性，并且通过在线销售可以直接向 18～40 岁的人群展示产品。

XYXX 亮相实体领域，在古吉拉特邦、马哈拉施特拉邦和恰蒂斯加尔邦 3 个地区设有 700 家零售店，通过线上线下双管齐下，使得该公司在这个领域更具竞争优势。

5．产品创新

为了创新，XYXX 密切关注受众来源，由于不同的买家对产品的要求也有所不同，Yogesh Kabra 希望能为有独特需求的人提供量身定制的产品。

思考：请参照上述创业故事，以小龙所在的公司为例，分析电商创业成功的几个基本要素及注意事项。

项目二

电子商务信息的收集与利用

技能目标

能制定传统企业的电子商务发展规划
会制作在线调查问卷
学会利用网站数据分析工具和搜索引擎运营模式给企业带来效益
能选择企业最佳的电子商务发展模式

知识目标

了解电子商务信息对电子商务发展的作用
掌握电子商务资料收集方法
掌握如何利用网络调查方法收集信息

素质目标

培养学生的组织分工与团队合作能力
培养学生的案例分析能力
培养学生的讨论与口头表达能力
培养学生的独立思考与策划能力

建议课时数

8

任务一　电子商务信息概述

导入案例

百度是全球最大的中文搜索引擎和中文网站（网站首页如图 2-1 所示）之一，2000 年 1 月创立于北京中关村。

图 2-1　百度网站首页

1999 年底，身在美国硅谷的李彦宏看到了中国互联网及中文搜索引擎服务的巨大发展潜力，于是，他怀揣着技术改变世界的梦想，毅然辞掉了硅谷的高薪工作，携搜索引擎专利技术，于 2000 年 1 月 1 日在中关村创建了百度，最初的员工不足 10 人。

很快，百度拥有数千名研发工程师，这是中国乃至全球都称得上优秀的技术团队，这支队伍掌握着世界上的先进搜索引擎技术，使百度成为掌握世界尖端科学核心技术的中国高科技企业，也使中国成为美国、俄罗斯和韩国之外，全球仅有的 4 个拥有搜索引擎核心技术的国家之一。

从创立之初，百度便将“让人们最平等、便捷地获取信息，找到所求”作为自己的使命。成立以来，公司秉承“以用户为导向”的理念，不断坚持技术创新，致力于为用户提供“简单，可依赖”的互联网搜索产品及服务，其中包括：以网络搜索为主的功能性搜索，以贴吧为主的社区搜索，针对各区域、行业所需的垂直搜索，MP3 搜索，以及门户频道、即时通信等，全面覆盖了中文网络世界的搜索需求。

在不断丰富面对用户的搜索产品的同时，百度还创新性地推出了基于搜索的营销推广服务，并成为最受企业青睐的互联网营销推广平台之一。如今，中国已有数十万家企业使用了百度的搜索推广服务，不断提升企业自身的品牌形象和运营效率。通过持续的商业模式创新，百度正进一步带动整个互联网行业和中小企业的经济增长，推动社会经济的发展和转型。

为推动中国数百万个中小网站的发展，百度借助超大流量的平台优势，联合优质的各类网站建立了世界上规模巨大的网络联盟，使各类企业的搜索推广、品牌营销的价值、覆盖面均大面积提升。

随着移动互联网的发展，百度网页搜索完成了由计算机端向移动端的转型，由连接人与信息扩展到连接人与服务，用户可以在计算机、平板电脑、手机上访问百度主页，通过文字、语音、图像等多种交互方式瞬间找到所需要的信息和服务。

案例思考

你日常收集信息的主要渠道有哪些？百度是否能满足你对信息收集的需求？和百度同类型的搜索引擎还有哪些？

从电子商务的定义可知，电子商务的构成要素有网上商城、消费者、产品、物流和交易过程中产生的信息流。

电子商务信息则是与电子商务相关的信息，包括产品网上交易信息、消费者消费数据分析信息、产品交易信息、物流信息等。

练一练

1. 分组讨论：可以从什么渠道获取电子商务信息？说说各种渠道的优缺点。
2. 试分析以下信息是否属于电子商务信息范畴：

（1）《广州日报》刊登信息：“媒体电商”模式开启。

（2）午餐期间，小龙利用“美团外卖”App 叫了一份外卖。

（3）小龙午餐后用“滴滴出行”App 叫了一辆车外出见客户。

一、电子商务信息的概念

电子商务信息又称网络商务信息，是指存储于网络并在网络上传播的与商务活动有关的各种信息的集合，是各种网上商务活动之间相互联系、相互作用的描述和反映，是对用户有用的网络信息。网络是其依附载体。在商务活动中，信息通常指的是商业消息、情报、数据、密码、知识等。

电子商务信息限定了商务信息传递的媒体和途径。只有通过计算机网络传递的商务信息（包括文字、数据、表格、图形、影像、声音、内容等能够被人或计算机查知的符号系统）才属于电子商务信息的范畴。信息在网络空间的传递称为网络通信，在网络上停留时称为存储。其中信息流是一种内容展示形态，起源于移动端，多见于社交、资讯、视频等应用平台，现已被其他终端和各类型的应用平台应用，有一定的商业化潜力。

二、电子商务信息的类型

从信息本身的价格来看，通常可以将电子商务信息分为4类。

1. 免费商务信息

这类信息属于社会公益性信息，大约占信息总量的5%。这类信息的提供者主要借助这些信息获得社会效益从而得到回报，推出方便网络用户的信息，如在线免费信息、实时股市信息等。

2. 低费用信息

这类信息的采集、加工、整理和更新花费少，是一种大众化的信息。这类信息占信息总量的10%～20%，如图2-2所示。

图2-2 低费用信息

3. 标准收费信息

这是知识类、经济类的信息，收取成本和利润的费用。当然这类信息的实用价值比较高，采集、加工、整理、更新等操作比较复杂，要投入一定的费用。这类信息大约占信息总量的60%。大部分网络商务信息属于此类，如图2-3所示。

图 2-3　标准收费信息

4. 优质优价信息

这类信息是具有极高使用价值的专用信息，信息一旦被采用，将会给企业带来较高的利润和效益，如网络上提供的市场走向分析、网络畅销产品的情况调查、新产品/新技术/新信息、专利技术、一些专门性的信息等。

三、电子商务信息的特点

1. 时效性

电子商务信息在网络上的传播速度非常快，一条信息从发表到被人阅读，一般来说几秒钟即可完成，传播周期极短，能满足读者在第一时间阅读的需要，具有较强的时效性。

2. 新颖性

新颖性表现在互联网高速发展，原始资料更新快。

3. 国际化和开放性

互联网的国际化使得电子商务信息也具有国际化和开放性的特点。网上的信息来自世界各地，无国界、地域之分，人们随时可以通过互联网获取各个领域的专业信息，及时捕捉各学科的前沿研究成果，及时了解国内外电子商务信息动态。

4. 专业性

网络上的信息包罗万象，分布零散，但相对于某一特定专题来讲，却相对集中，信息密度大。因此，电子商务信息有着特定的范围，需要者很容易在互联网上找到相对应的信息。

5. 价值性

网络营销的成功离不开电子商务信息，信息的灵通程度决定企业的利润水平。

6. 隐形性

电子商务信息的检索本身不产生效益，只有与其他事物相结合才能产生效益。

7. 公益性

电子商务信息服务对象广，面向全社会，使大众受益，一方面可扩大企业产品的影响力，另一方面可降低整个社会的生产成本。

8. 相对性

互联网发展速度极快，电子商务信息的收集、加工和传递需与网络信息的变化保持同步。

四、电子商务信息的作用

1. 引起了市场营销方式的巨变

随着电子商务的迅速发展，人们可以非常容易地获得最新的电子商务信息，这使传统的商务活动形式发生了变化，从采购到产品售出的全过程都将电子化。

2. 资金流与信息流紧密结合

资金流是实现电子商务交易活动不可或缺的手段，作为电子商务中连接生产企业、商业企业和消费者的纽带，银行是否能有效地实现电子支付已成为电子商务成败的关键。在常见的B2C交易中，持卡消费者向商家发出购物请求，商家将持卡人的支付指令通过支付网关发送给银行的电子支付系统；银行接着通过银行卡网络从发卡行获得批准，并将确认信息从支付网关返回商家；商家得到支付确认后，向持卡人发出购物完成信息。而这一过程离不开信息流的支持。

3. 提高了企业的经济效益

企业通过获取电子商务信息改变生产方式。电子商务的出现从根本上减少了传统商务活动的中间环节，缩短了企业与消费者需求之间的距离，同时也大大减少了各种经济资源的消耗，使人类进入了“直接经济”时代，从而极大地提高了商务活动的效率。

4. 带来了广告业的新机遇

电子商务信息打破了传统信息传播时间固定、信息传播成本高的弊端，采用了先进的数字化记录、传播和处理方式，使得广告信息传播跨越了时间和空间的局限。做广告者甚至能追踪和定位消费者，实施精确投放，实时推送有效促销信息，真正实现信息即时传播。

案例 2-1

还以为农村淘宝只卖货吗

阿里巴巴已经有了天猫的“双11”和“双12”、淘宝的“造物节”，以及针对农村的“年货节”这4个节日。之后，农村淘宝又有了一个节日——“乡村文化节”。不过与之前相对商业化的节日不同，“乡村文化节”的设立有公益的气息，定位为连接城市文明和乡村文化的载体。农村淘宝项目在经历了一系列探索之后，阿里巴巴不再把目标局限在买货、卖货、送货的电子商务之上，而是集中阿里巴巴内部和社会的资源，从教育、医疗、金融、文化等层面再造农村。

思考

你了解农村电子商务吗？试着说一下现在农村电子商务的发展情况，并举例说明哪些农村电子商务信息已经对你的生活产生了影响。

课堂随笔

____

____

____

____

任务二　电子商务信息的收集方法

练一练

分小组讨论，如果让你在校园里对全校同学做一个调查，调查主题是同学们每周花多少时间在网上购物或者浏览电子商务网站，那么该如何开展这次调查？

一、网络调研

信息在互联网上如同小鱼在浩瀚的海洋里，人们想获得自己想要的电子商务信息，还需要特定的办法；否则，查找的信息多而无用。网络调研是常用的电子商务信息收集方法。

网络调研是传统调研在新的信息传播媒体上的应用，是指在互联网上针对特定的问题进行的调查设计、资料收集和分析等活动。

（一）网络调研的优势

互联网作为一种信息沟通渠道，特点在于开放性、自由性、平等性、广泛性、直接性、互动性等。由于这些特点，网络调研具有传统调研难以比拟的优势。

1. 成本低

网络调研与见面访问、邮寄访问、电话访问等传统调研的根本区别在于采样方式不同。所以，网络调研的成本低主要指的是采样成本低。传统调研往往要耗费大量的人力、物力，而网络调研只需一台能上网的计算机，通过站点发布电子问卷或组织网上座谈，利用计算机及统计分析软件进行整理和分析，省去了传统调研中的印刷问卷、派遣人员、邮寄、打电话、繁重的信息采集与录入等工作及费用，既方便又省钱。

2. 速度快

网上的信息传播速度非常快，如用E-mail（电子邮件），几分钟就可以把问卷发送到全球各地。利用统计分析软件，可对调研的结果进行即时统计，整个过程非常迅速，而传统调研要经过很长一段时间才能得出结论。

3. 隐匿性好

在调研一些涉及个人隐私的敏感问题时，传统调研尽管可以在问卷设计中通过采用委婉法、间接法、消虑法、虚拟法等手段，在问题和被调研者之间增加一些缓冲因素，但无论如何，传统调研的各种采样方式都会在不同程度上影响到被调研者的作答心理。

4. 具有互动性

网络调研的这一优势同样基于网络自身的技术特性。网络的互动性赋予网络调研互动性的优势。网络调研不受时空的限制，可以24小时向天南海北、世界各地的人实施调研。

（二）网络调研的方法

网络调研主要有以下几种方法。

1. 电子邮件问卷调研法

电子邮件问卷调研法是指通过给被调研者发送电子邮件的形式，将调研问卷按照已知的电子邮件地址发送给一些特定的网上用户，被调研者回答完毕，将调研问卷以电子邮件的形式再反馈给调研者的调研方法。从技术要求来看，实施电子邮件问卷调研的关键是拥有较多的电子邮件地址。电子邮件问卷调研法有专门的程序：问卷准备、列出电子邮件地址和收集数据。

电子邮件问卷调研法典型的优点：电子邮件问卷制作简单，分发迅速，而且费用非常低廉。在调研实施过程中，调研者可以通过多媒体技术向被调研者展示包括文字、图像、声音在内的多种内容。

电子邮件问卷调研法也存在一些不足之处：第一，不能确定回复的比率。发送电子邮件容易，但无法确保被调研者能够及时填写问卷并发回该问卷。第二，较难保证回复样本的统计具有代表性。由于无法选择被调研者，所以收集的问卷往往只能反映部分消费者的情况，难免出现偏离调查样本的现象。第三，容易引起被调研者的反感，有侵犯个人隐私之嫌。

2. 网上论坛调研法

网上论坛调研法是指通过一些专为网络用户提供的完全免费的交流服务进行网上调研，从而获得资料和信息的一种调研方法。

尽管电子邮件问卷调研法具有比较客观、直接的优点，但也存在不能对某些问题进行深入调研和分析的缺点。为弥补电子邮件问卷调研法的不足，许多企业设立了网上论坛，如图 2-4 所示，以供访问者对企业产品进行讨论，或者与某些专题的新闻组进行讨论，以进行更深入的调研并获取有关资料。

图 2-4　论坛示例

网上论坛调研法的缺点是信息不够规范，需要专业人员进行整理和挖掘。

网上论坛调研法遵循一定的调研步骤：首先，确定要调查的目标市场；其次，识别目标市场中要加以调研的论坛；再次，确定可以讨论或准备讨论的话题；最后，登录相应的论坛，通过过滤系统发现有用的信息或创建新的话题让大家讨论，从而获得有用的信息。网上论坛调研法适用于一些开放式的和探索性的调查。在网上论坛中发布问卷信息或调研题目，与发送电子邮件问卷一样是主动型的，而且费用比较低廉。但同样的，在网上论坛中发布问卷时，要注意网络行为规范，调研内容应该与论坛主题相关，否则也可能引起被调研者的反感。

3. 视频会议调研法

视频会议调研法又称网络会议调研法，是基于 Web（网络）的计算机辅助访问，通过直接在上网人士中征集与会者，并在约定时间举行网上座谈会，在主持人的引导下，对某一问题进行深入的或探索性的讨论、研究的一种网上调研方法。这种调研方法属于主动调

研法，特别之处是参与调研的专家不必实际地聚集在一起，因此，网上视频调研会议的组织比传统的专家调研法要简单。视频会议调研法适合对关键问题的定性调研。

4. 网站在线调研法

网站在线调研法是通过建立专门的网上调研平台来实现的。这个平台可以提供调研项目的全部资料，甚至可以在一些资料上建立与相关网站的链接，提供传统市场调研无法相比的背景资料。

该方法可以选择的方式有两种：一是直接建立专门的调研网站；二是在与调研项目相关的网站下建立调研网站。第一种网站一般由专业的调研公司开设，其调研项目可以无所不包。但在此种情况下，浏览者人数和认真参与程度很难确定。解决方法是利用传统意义下的固定样本调研，也就是把问卷放到网络上，固定的被调研者在网上完成调研，并在线传回调研公司网站。第二种网站是调研者有选择地在与调研项目相关的专业网站下建立的，如在一个百货超市的网站中建立一个消费者需求调研站点等。在这种情况下，网站要保证专业性和较高的访问率。

网站在线调研尤其是通过网上调研公司的调研网站所进行的调研，将取代现在已举步维艰的固定样本调研，适合一般消费品和服务的网上市场调研。

5. 数据工具软件调研法

数据工具软件调研法是指利用专门的工具（如生意参谋）收集所需的数据资料。这类工具软件功能强大，数据资料具有针对性强、及时性好、准确性高等特点。

自 2014 年起，生意参谋在原有规划的基础上，分别整合量子恒道、数据魔方，最终升级成阿里巴巴商家端的统一数据产品平台。通过生意参谋，商家可以看到口径标准统一、计算全面准确的店铺数据和行业数据。如图 2-5 所示为生意参谋功能图。

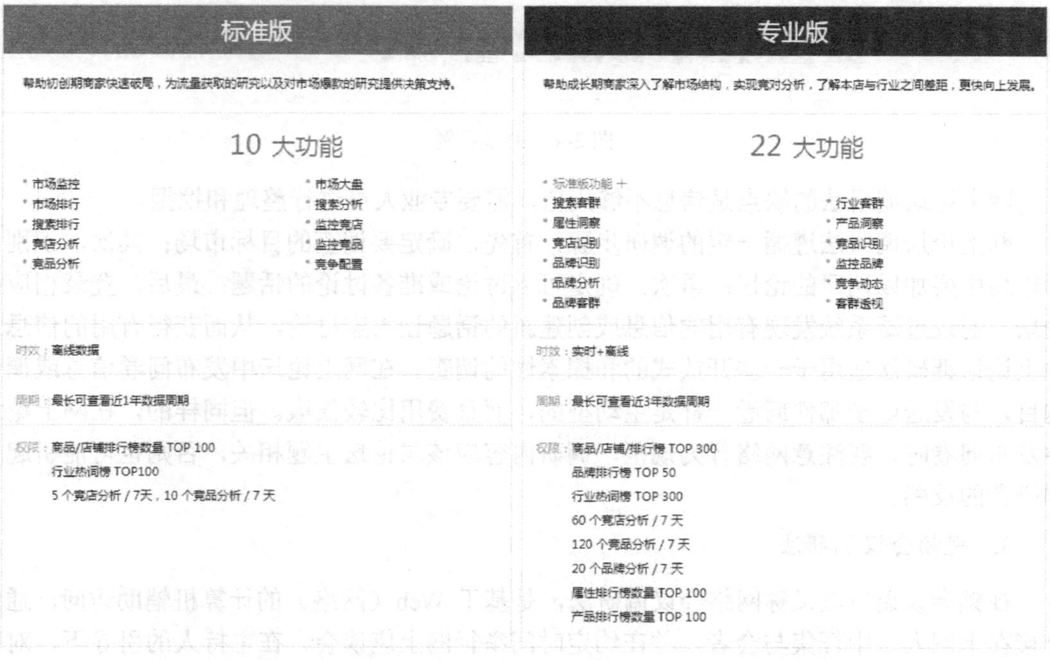

图 2-5　生意参谋功能图

生意参谋 2020 年标准版的收费为 498 元/年，专业版为 998 元/年，对于商家来说，只有灵活运用平台提供的营销工具、分析工具，店铺运营才能事半功倍。

生意参谋特色功能包括以下几个方面。

（1）实时直播：查看店铺当日实时交易数据，查看行业 TOP10、TOP100 等店家平均实时交易金额、产品数、买家数等，监测店铺实时点击、被关注产品 TOP 排行等。

（2）流量来源自定义：了解引流效果。

（3）产品排名监控：当变化幅度过大时，有小秘书通知。

（4）淘宝标题优化：紧密贴合买家搜索习惯和网站趋势，推荐最贴合消费者的产品和最受消费者欢迎的词，轻松搞定优质产品标题。

（5）搜索词分析：每个搜索词的展现、点击、成交效果。

（6）营销效果：营销工具的效果对比。

（7）竞争情报：特定地区同行的经营状况，竞争对手之间的差距。

（三）设计调研问卷时应注意的方面

网上调研问卷的设计，应该注意以下几个方面。

1. 问题简明扼要，内容通俗易懂

调研问卷的问题设置尽可能简明扼要，内容通俗易懂，以保证被调研者能正确理解问卷的内容和目的，快速完成问卷。可有可无或者没有太大实际意义的问题不要设置，因为内容过分烦琐也会导致被调研者失去回答的兴趣，因此，为了保证问卷的高质量，问卷的内容应精简、有力。网上调研问卷范例如图 2-6 所示。

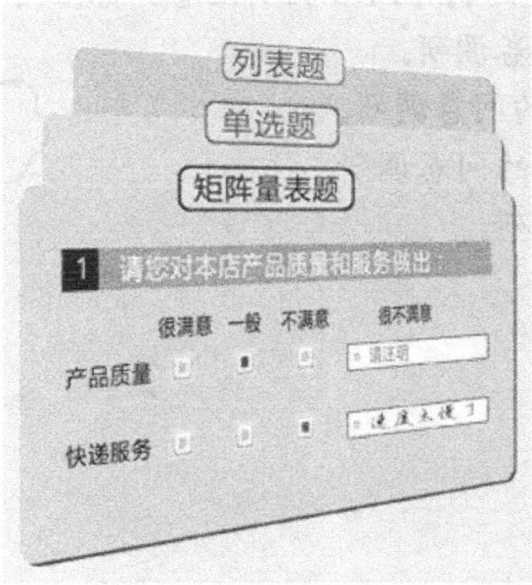

图 2-6　网上调研问卷范例

2. 注意问卷的合理性

问卷设计的质量直接影响到调研结果。为了使被调研者能够耐心完成问卷，以便调研者顺利获得所需的电子商务信息，问卷设置的合理性很重要。这要求调研者结合实际操作，设计合理、有效的问题，控制填写问卷的时间，提高问卷的完整性和有效性。还可以设想自己就是被调研者，从他们的角度思考问题，设置问卷。

3. 有代表性地跟踪目标对象

调研者在互联网上获得了目标对象的电子邮件地址，便可以直接使用电子邮件向他们

发出相关的产品和服务信息，获取他们的反馈信息，也可以在电子调查的表单中留出让他们自由发表意见和提出建议的空间，请他们谈谈对企业产品、售后服务的见解和期望。通过这些信息，调研者可以把握产品和市场的潮流趋势、消费者心理、消费者偏好和营销动态，并根据这些变化来调整企业的内部结构，改善销售渠道，制定合理的市场营销策略。

4. 尽量消除被调研者的警戒心理

防御心是人性中自然的一面，在被调研者接触到调研问卷时，第一反应就是填写问卷对自己有什么坏处或好处；对于网络销售状况调研来说，被调研的零售商更有这一顾虑，害怕问卷填写不当会影响到后期的生意发展。因此，如果不能消除被调研者的警戒心理，拉近与被调研者的距离，便很难得到真实、可靠的信息反馈。

5. 提高被调研者参与调研的积极性

为了让被调研者积极参与，调研者除了应将问卷设置得尽量妥当外，还应对积极参与调研的对象给予一定的物质奖励和答谢，这既有利于调动网上用户参与网上调研的积极性，又可以弥补因接受调研而附加到被调研者身上的费用。应该让被调研者有一种参与某种重要活动的感觉，填写调研问卷就好像在帮助自己或自己关心的人。通常情况下，提供一定的激励措施会有明显的作用。

练一练

从以下题目中选取一个，制作网络调研问卷，课后可利用互联网平台进行实践。

（1）关于网络购物的问卷调研。

（2）关于“互联网+”的问卷调研。

（3）关于农村电子商务的问卷调研。

（4）关于海淘的问卷调研。

二、数据工具

案例 2-2

百度大数据：从“治病”到“治未病”

很多年前，人们刚刚使用搜索引擎查询网上的信息时，不会想到它终有一天会服务人们的健康，而且是从社会层面整体地改善人们的健康。而今，借助大数据，我们相信这一天并不遥远。2015 年，在“全国肿瘤预防宣传周”，央视与百度大数据合作打造新闻专题“数说肿瘤”，用大数据解读医疗健康，开启数字新闻报道新篇章。这只是百度大数据服务健康项目的牛刀小试，百度真正希望的是通过大数据服务为医疗和科研机构提供数据依据，为公共卫生决策提供参考，并最终为用户提供健康指引等服务，从而改善社会的整体健康状况。

1. 用户搜索：从行为到数据

人们今天早已习惯了“百度一下”，特别是遇上一些疑难问题的时候，如面对癌症、肿瘤这样的重大健康问题时，百度无疑是一个重要的信息来源平台。通过不断加深与权威医疗机构的合作，百度向用户呈现了越来越专业的信息：疾病的发病原因、主要症状、治疗方法、专家建议等相关权威内容都被一一呈现。因此，可以认为百度为人们提供了信息数据。

但是，人们可能很少意识到，人们的搜索行为本身也是数据。这一数据被百度大数据体系所记录。它的记录方式是这样的：某时某刻，某人搜索了一次身体某个部位的肿瘤，根据这个搜索行为发出的IP可以推断他大概在哪个地方，这个IP地址还搜索过什么内容……根据这些搜索内容，可以推断他的职业、爱好、活动场所等信息。

可见，在大数据时代，信息本身是数据，信息传播是数据，信息的获取过程是数据，信息被谁关注更是数据，一次搜索动作背后的丰富内容会被串联起来。单个的这些数据不足以改变什么，但当这些数据经过加工后，将产生质的飞跃。

2. 大数据：更好地为个体服务

显然，用户个人的搜索数据是孤立的，但是当有众多用户聚集在百度搜索相同或相关的内容时，情况就变得不一样起来。通过聚合众多用户的搜索内容，百度大数据可以为更广泛的人群提供更多有价值的信息。

那么，健康大数据是如何为每个人服务的呢？

首先，百度大数据的分析会选择在媒体进行传播，从而引起人们对健康问题的重视。比如百度大数据与央视合作推出的“数说肿瘤”专题就是一次成功创新，大量的搜索数据暗合了癌症是死亡第一大原因的医学统计，要遏制癌症高发的势头，就需要媒介进行传播，让全社会行动起来。

其次，百度大数据能够“画出”癌症人群画像。例如，在对“肿瘤”的搜索中，男性关注者占到73%，关注度最高的年龄段是30～39岁……这些数据可以提供给医学科研机构，通过对这些易患病人群进行长期跟踪，会找出某些癌症的诱因，从而从预防角度得到更科学的结论，有效地降低发病率。

最后，百度大数据会直接与地方医疗机构或医院合作。在一定时间段和特定地区对某一疾病的搜索，预示着某个疾病可能或正在增多，百度可以根据用户搜索行为绘制“热力图”，为相关单位和部门采取应对措施提供依据。

对预防和控制肿瘤的发生，这些数据将产生积极的作用。比如，发现某类癌症在某个地区有高发现象，可挖掘其中的环境因素；发现某类癌症在某个职业群体中高发，可从职业病防治等角度进行干预。而这些分析结果将会被医疗行业的人整理、分析、提炼出来。

日积月累，自然会孕育出提升整个社会中人类的健康状况的机会。

传统中医认为，好的医疗效果是“治未病”，也就是预防疾病的发生。如今，人们越来越重视健康，保健知识的获取、健康生活习惯的养成都成为日常生活的重要内容。百度将通过为用户提供充足的医疗保健知识，直接推动公共健康服务的智能化和大数据的建立，为实现中医千百年来“治未病”的理想贡献出“智慧”。

3. 大数据：关注民生，承担社会责任

百度CEO李彦宏于2013年就曾指出，现在已经进入大数据时代，全球所有信息数据中的90%产生于过去两年，大数据逐步展现出了它的价值。基于此，大数据应该关注社会民生，带动社会管理创新。

医疗在国计民生中占有重要地位，政府关于医疗的工作重点是让老百姓“病有所医”。但是，大数据时代，通过对海量数据的处理、分析，让疾病“预测”和“预防”的理念深入人心，让老百姓有意识地监测自己的身体状况，并能够在百度平台上找到答案，从“治病”往前走一步，到“治未病”，这是百度这样的科技公司用大数据给医疗行业的一个“新起点”。

思考

你了解大数据吗？说一下现在大数据分析的发展情况。哪些大数据的商业应用已经对你的生活产生了影响？

课堂随笔

已有越来越多的人认识到大数据对于当今社会发展的重要性。基于5G网络推进的生产基础设施和社会基础设施的数字化改造，正在使大数据、云计算、物联网等技术与应用从概念走向实际，从抽象走向具体。一方面，全球范围内的互联网巨头纷纷建立自己的数据中心，对于数据的重视达到了前所未有的高度；另一方面，传统企业不断通过数字化手段谋求转型，产业互联网等概念正在被越来越多的传统企业接受，大数据应用已从互联网企业铺开，影响着越来越多的传统行业。

传统行业的网络应用过程产生了规模庞大的数据，也对数据时效性与传输速率提出了更高的要求，5G的实现恰能弥补4G移动通信的不足，能满足大数据产业对于海量数据传输、存储和处理的需求。在5G时代的应用场景中，每项垂直行业应用都与大数据有千丝万缕的关系，包括AR/VR（增强现实/虚拟现实）的实时计算机图像渲染和建模，车联网的远程驾驶、编队行驶和自动驾驶，智能控制的无线机器人云端控制，智慧能源的馈线自动化，无线医疗的远程诊断，无线家庭娱乐的超高清8K视频和云游戏，联网无人机的专业巡检和安防，社交网络的超高清/全景直播，个人AI（人工智能）辅助的智能头盔，智慧城市的AI视频监控等。

练一练

日常可以使用什么数据分析工具更好地完成数据分析呢？可以在表 2-1 中罗列一下你所了解的数据分析工具。

表 2-1　数据分析工具

数据分析工具	主要分析内容

1. 网站数据分析工具

（1）百度统计。百度统计是一个高效、专业的数据分析工具。其登录界面如图 2-7 所示。

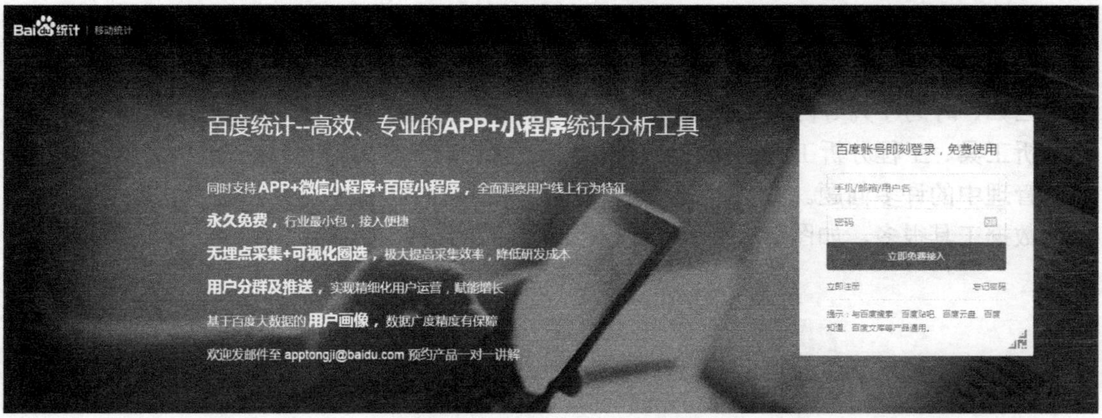

图 2-7　百度统计登录界面

（2）Google Analytics。Google Analytics（谷歌分析）是一个收集数据并将其分析结果整理成实用报告的平台，通过向每个网页插入 JavaScript 跟踪代码来跟踪用户行为。这些与用户相关的数据信息将会被处理后传入 Google Analytics（无法修改），并在 Google Analytics 中生成分析报告。

2. 软件数据分析工具

（1）SAP。SAP（思爱普）产品能进行全面的商务分析，精准地洞察、变现数据价值。数字化转型时代，SAP Analytics Cloud（分析云）作为下一代软件即服务（SaaS）解决方案，帮助用户在数字经济时代全面地了解企业状况，集所有商务分析功能——计划、预测、商务智能于一身，满足各种用户需求，从董事会成员到一线员工，从数据可视化到机器学习，从决策到行动，帮助不同行业、不同规模的企业迈向智慧企业，变现数据价值。

（2）SPSS。SPSS 是一款在调查统计行业、市场研究行业、医学统计行业、政府和企业的数据分析应用中久负盛名的统计分析工具，也是世界上诞生最早的专业统计分析软件。其工作内容如图 2-8 所示。SPSS 产品被广泛应用于市场研究、金融、销售数据分析、未来行为预测等领域，在国内外高校研究生心目中有较高的威望与较好的名誉，是社科研究三大统计分析软件之一，经它处理的数据结果的精确度可得到专家学者的一致认同。

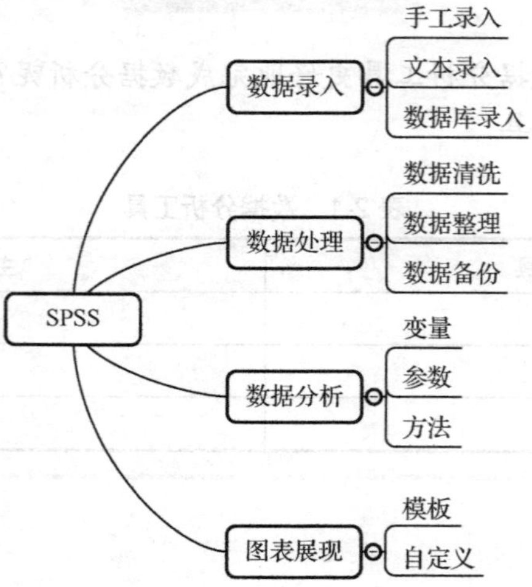

图 2-8　SPSS 工作内容图

（3）Excel。Excel 自带的数据分析功能也可以完成上述专业统计软件所具有的数据分析工作，这其中包括描述性统计、相关系数、概率分布、均值推断、线性和非线性回归、多元回归、时间序列等内容。Excel 提供了非常实用的数据分析工具（如财务分析工具、统计分析工具、工程分析工具、规划求解工具、方案管理器等），利用这些分析工具，可解决财务管理中的许多问题。

数据工具很多，如图 2-9 所示，可根据需要进行选择。

图 2-9　数据工具分类图

三、搜索引擎运营模式

搜索引擎是指根据一定的策略、运用特定的计算机程序从互联网上搜集信息，在对信息进行组织和处理后，为用户提供检索服务，将检索到的相关信息展示给用户的系统。搜索引擎包括全文搜索引

擎、目录搜索引擎、元搜索引擎、垂直搜索引擎、集合式搜索引擎、门户搜索引擎、免费链接列表等。

练一练

1. 尝试说出图 2-10～图 2-12 所示的搜索引擎分别属于哪种类型。

图 2-10　搜索引擎 1

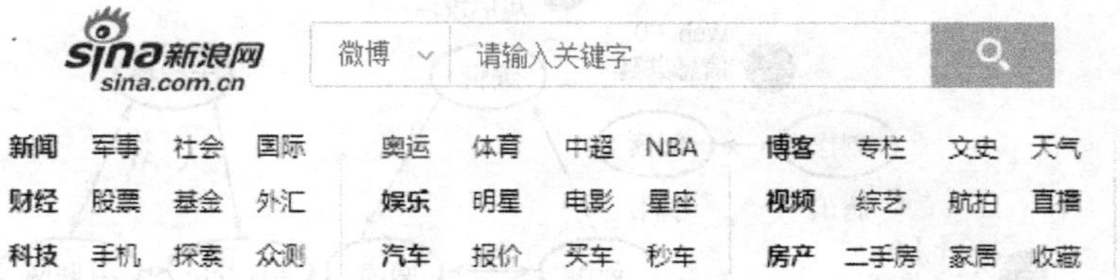

图 2-11　搜索引擎 2

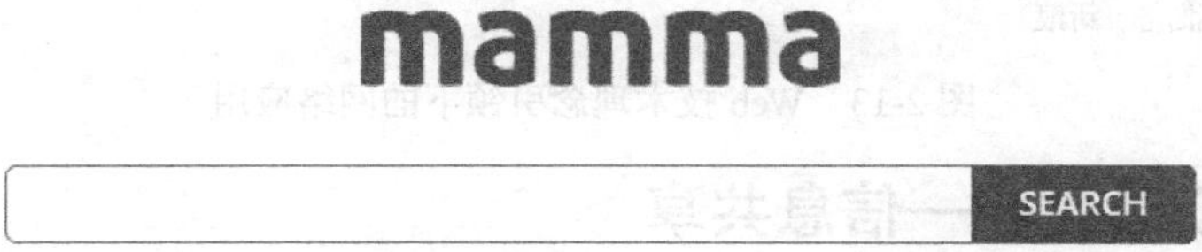

图 2-12　搜索引擎 3

2. 小龙一个人从广州出发，去厦门旅游，为期 8 天，他只带了 3000 元，而且这些钱要用在 5 个地方。请你利用搜索引擎在网上帮他查查以下几个方面的信息，以便进行合理规划。

（1）来回车票的价钱。

（2）住宿的酒店，酒店最好靠近厦门大学，酒店的具体地址和房价。

（3）几个值得推荐的旅游景点，景点的门票价格。

（4）厦门的特色小吃。

（5）厦门名特产及其价格。

[第（1）题和第（2）题是必答题，第（3）～（5）题任选一题回答。]

任务三　电子商务信息的利用

电子商务信息资源所呈现的载体是众多网站数以亿计的网页，网络信息如何更好地呈现与组织和Web页面息息相关，Web技术理念引领下的网络媒介日益丰富，促使电子商务信息资源传播的组织与应用也更加多样，如图2-13所示。

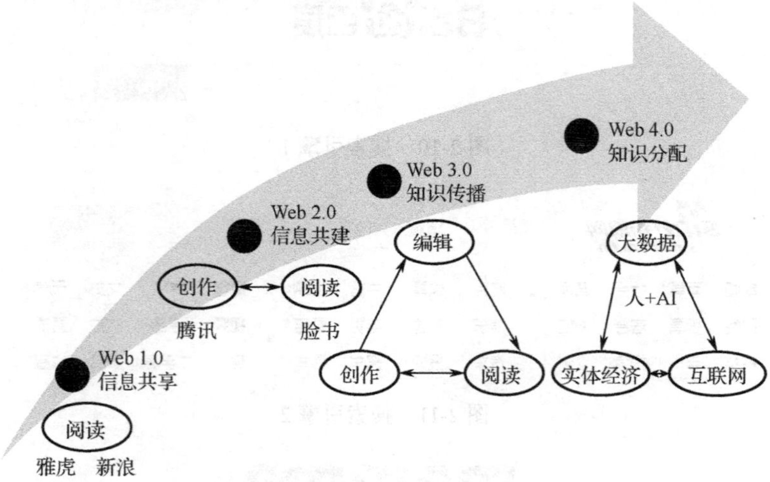

图2-13　Web技术理念引领下的网络应用

一、Web 1.0时代——信息共享

在Web 1.0时代，从网络空间获取和组织信息的形式是多样的，较早出现的新闻组、邮件列表、电子公告板等如今已经较少为广大网民所使用。在当前对众多网络传播媒介形态的信息组织获取中，属于Web 1.0时代的主要有门户网站、电子邮件、搜索引擎，实际上，以上3种形式在Web 1.0之后也不断被推陈出新。

二、Web 2.0时代——信息共建

Web 2.0是相对于Web 1.0的互联网应用的统称。Web 1.0的主要特点是用户通过浏览器获取信息，Web 2.0则更注重用户的交互作用，用户既是网站内容的浏览者，也是网站内容的制造者。所谓网站内容的制造者是指互联网的每个用户不再仅仅是互联网信息的读者，同时也可以是作者，由被动地接收互联网信息向主动创造互联网信息发展。博客、播客是Web 2.0时代网络信息传播的典型方式。

三、Web 3.0时代——知识传播

网络的魅力在于围绕并满足了网民表达与阅读的愿望，网民以自己的方式生产着网络信息，又以个性的方式组织阅读着网络信息。Web 3.0化整为零，让网民根据自己的喜好设计并建立属于自己的网页。UGC（用户原创内容）、RSS（简易信息聚合）、掘客等是对这种网络信息组织中“网民中心化”理念的较好注解。

UGC信息组织的基本形态包括社交网络、视频分享网络、照片分享网络、知识分析网

络、社区、论坛和微博；RSS 是在线共享网络信息的一种简易方式，包括订阅博客或订阅新闻等；掘客的核心思想是发动网民进行新闻挖掘，把新闻的筛选权交给网民，由网民投票决定网站首页应该显示哪些新闻，相信网民的眼光和评审水平，这样，筛选出来的新闻往往是很有价值的。

Web 3.0 时代，网民可以通过网页剪取功能，把自己喜欢的页面剪切、整理在一起，筛除无用信息，而且所剪取的页面与主网页上的相关信息同步更新，不存在信息的滞后性，大大提高了阅读效率。Web 3.0 通过网页和相关组件的穿插，可以为网民提供更为有效的信息资源，实现了数字通信与信息处理、即时信息、交友娱乐、传播与管理的有序、有效结合。

四、Web 4.0 时代——知识分配

Web 4.0 时代是彻底离开强大别人的时代，并转入强大自己的时代。Web 4.0 模式类似于大家聚餐，所有人围在一张桌子前面，并把自己的资源都放在一起，然后按自己的需要去选择资源拥有者。桌子是提供网站协议的平台，这个平台中的内容是协议而不是网站，就好像互联网上的计算机都遵守各种硬件协议一样，所有网站围在协议旁，如果所有人都有自己的网站，都围绕在桌子旁，人类也就真正进入了互联网时代。互联网时代一定不能是少数网站的时代，所以 Web 4.0 的核心就是知识分配系统。

案例 2-3

111 医药："互联网+药房"的生态布局

中国医药零售市场快速成长，潜力无穷。2018 年，医药市场药品整体规模达到 1.5 万亿元，其中药品零售市场 5000 亿元，医药电子商务市场将近 300 亿元，不难看出中国医药零售行业的蓬勃发展。

111 医药馆将其线下健康服务互联网化，打造了"药士达""药师到家"服务，并通过"三到模式"（到社区、到家庭、到身边）构建 O2O 生态布局。作为国内医药新零售的领航者，111 医药馆将互联网技术、新零售模式和健康管理理念融合，打造了真正意义上的医药行业新零售格局。

111 医药馆的加盟商只需要负责财务、广告宣传、外联、行政、大客户等工作，日常营业、商品进销存、人员培训、会员管理、客户服务、全国性营销策划等均由总公司按照直营店管理模式进行全面管理。商品按进货底价提供给加盟商，每周、每月总公司均向加盟商提供店面商品销售及库存信息，确保加盟商准确了解店面经营情况，最大限度地保证加盟商的投资收益。

111 医药馆现有执业药师 18 人，他们有强烈的质量管理意识和严谨的工作作风，严格按照《药品经营质量管理规范》的各项要求进行全面的质量管理工作；进销存方面，进行全面把控，严格质量管理。

111 医药馆的仓库总面积达 5000 多平方米，库存商品齐全，可支持 10 亿元的销售规模。仓库人员配置 100 余人，并与多家货运、快递公司紧密合作，如与德邦货运、中通快递、申通快递、EMS 等都达成区域战略性合作。

111医药馆依托近千家实体门店、111互联网医院和空中药房，为消费者提供独有的三对一家庭医生服务，提供医疗级用药服务，打造以线下药房体验、线上零售配送、健康服务为闭环的“互联网+药房”生态布局，向消费者提供全渠道、无缝隙的购物体验，让每名消费者都能享受到超值服务，真正成为消费者的“健康好邻居”！

思考

请你帮助小龙分析一下这则案例中体现了111医药馆在电子商务信息服务中的哪些应用。

课堂随笔

练习题

一、选择题

1．电子商务信息包括（　　）。

A．文字

B．数据、表格、图形

C．影像、声音

D．能够被人或计算机查知的符号系统

2．相对于传统的商务信息，电子商务信息具有的显著特点是（　　）。

A．时效性强　　B．准确性高

C．便于存储　　D．易于更新

3．搜索引擎找到信息发布源并收集商品信息这个过程有效地保证了信息的准确性，（　　）。

A．减少了信息传递的中间环节　　B．减少了人工干预

C．提高了搜索结果的相关度　　D．提高了信息的时效性

4．以下不是收集电子商务信息的数据工具的是（　　）。

A．Power Point　　B．Excel

C．Python　　D．Word

二、简答题

1．购买关键词广告的优点有哪些？

2. 设计网上调研问卷时的注意事项有哪些？

3. 什么是门户网站？

4. 大数据时代能给人们带来什么样的变化？

三、综合实训题

多喜爱是一家以专业设计、生产和销售床上用品为主的公司，产品涉及被套、床笠、床单、床裙、枕套、被芯、枕芯、婚庆产品、垫类产品、床具等。为了扩大公司产品的市场占有率，增大产品的销售量，公司积极进军电子商务领域，入驻各大时尚电子商务生态圈，开展网络销售。入驻淘宝商城后，为提升公司店铺人气、带动店铺销量，公司开始在淘宝平台实施推广措施。公司决定采用淘宝直通车推广，而直通车推广的关键是产品关键词的设置。直通车搜索的原则是当卖家设置的词和买家搜索的词完全一样的时候，会展示宝贝的广告。所以说，给宝贝设置合适的关键词是至关重要的。产品直通车推广可以使用200个关键词，关键词可以选择直通车系统推荐的词，还可以采用分类方法进行选择。

请使用分类方法为产品的直通车推广进行关键词选择和优化设置。拟采用直通车推广的产品资料如下。

产品名称：多喜爱（喜玫瑰）婚庆套件

工艺：印花

款式：床单式

类型：婚庆六件套

货号：090152

产品规格：1.8 米床，1.5 米床

产品图片：图 2-14

图 2-14　产品图片

1. 将你设置的关键词分类填入表 2-2。

表 2-2　关键词分类

产品维度	分　类	关　键　词
品牌　（各设 1 个关键词）	产品名称	多喜爱（喜玫瑰）婚庆套件
	货号	090152
产品名称　（各设 1 个关键词）	产品种类	
	产品符号	

续表

产品维度	分类	关键词
产品细节解剖 （各设1个关键词）	材质	
	颜色	
	产品用途	
	产品保障	
目标人群 （各设2个关键词）	精准定位	

2．为产品设定2个适合推广的标题。

四、项目实操题

利用问卷星、调查派或网题等在线调研系统进行网上调研，调研主题要求与电子商务相关，然后将调研结果整理成报告。

五、拓展延伸题

妙计旅行张帆：人和机器做旅行计划，谁更靠谱

2016年，在TechWeb（千钧万博）和新浪科技联合主办的第210期IT龙门阵上，妙计旅行创始人兼CEO张帆分享了“人工智能在自由行上的探索”，他认为，未来会有大量人工智能应用出现在旅游领域。

张帆指出，人们的数据环境已经发生了很大变化，20世纪初，雅虎的两级页面就能满足人们的需求，而现在已然不能满足人们的多样化、个性化需求。这也是互联网给人们带来的变化。

据张帆分享，美国的一家在线旅游公司统计，人们在旅行之前，平均要浏览38个网站。这说明互联网给了人们更多选择的可能性，但这么多可能性使人们往往很难驾驭，此时数据帮我们做的就是高效的对接服务。

就旅行计划而言，人和机器谁更靠谱？人更多的是完成主观决策，如去哪里、吃什么等；机器完成的则是客观决策。人不能驾驭数亿个可能性，但是机器可以给出适合的算法。

张帆表示，人工智能时代，机器延展了人们的脑力劳动，未来会有大量人工智能应用出现在旅游领域，人工智能会更多地融入人们的生活。公司用两年时间做出妙计旅行，就是要用机器替代人不能驾驭的工作，在旅行中，人们的钱可能不会增加，但是收集信息的成本在变低。

思考：在现有的信息收集渠道中，你有没有发现哪些不足之处？有没有在收集信息时遇到什么难以解决的问题？妙计旅行创始人的以上观点能给你对未来的信息收集带来什么启发？

项目三

网 络 营 销

技能目标

能识别网络营销推广手段

能合理帮助企业进行网络营销策划

知识目标

了解网络营销与传统营销的差别

掌握网络营销的常用方法

素质目标

培养学生的分类汇总能力

培养学生的讨论与口头表达能力

培养学生的营销与策划能力

建议课时数

8

任务一 网络营销概述

导入案例 3-1

小龙进入 EC 公司已经 3 个月了，现在轮岗到网络推广部。今早，小龙接到任务，经理想把公司旗下的休闲运动服饰在朋友圈进行推广，下周开会讨论整体的网络营销方案。

近年来，微商因已成为一个社会热点而被广泛讨论，公司能否利用朋友圈来销售旗下的休闲运动服饰呢？怎样才是最佳的推广组合呢？于是，小龙开始利用下班的时间恶补网络营销的知识。他在笔记中写道：早期微商作为一种新兴的商业形式获得了社会极高的关注度，认为微商和十多年前的电子商务一样，将对传统的产业格局产生颠覆作用。然而，当朋友圈卖面膜者泛滥成灾时，大家又对微商产生了质疑，基于熟人关系强行推销的模式早已“臭名昭著”，利用朋友圈做微商不过是换汤不换药而已。那么未来微商究竟应当如何发展？微商的未来又在何方呢？

自 2013 年起，微商出现两大模式：朋友圈模式和平台模式。只不过由于微信的影响力很大，很多人自然通过朋友圈来涉足微商。其实，除此之外，平台模式的微商发展也非常迅猛，这一模式的代表有 V 店、微店、有赞等平台。这两大模式在运行机制上截然不同，虽互为补充，但也存在明争暗斗的情况。随着朋友圈微商逐渐没落，平台微商却高歌猛进。以微盟为例，至 2020 年，渠道代理商已超 1600 家，注册商户超 300 万个。2019 年营业收入达 14.37 亿元，净利润达 3.11 亿元，实现全面盈利。微盟表示，这得益于电子商务、零售行业的爆发式增长。

边看资料边记录，小龙觉得要灵活运用网络营销的各种技能，就必须打好理论基础。

案例思考

阅读案例，分组讨论对微商的看法，谈谈微商的优势、劣势、机会和威胁，并向小龙提一个好的建议。

练一练

下午要开会，每个员工都要谈谈对微商的了解，小龙认真地准备起发言稿来。微商模式最大的优势是什么？和其他网络营销模式对比的结果如何？怎么才能让你的朋友变成你的客户呢？你能利用现有知识帮他分析一下吗？

一、网络营销的概念

网络营销又称互联网营销，就是以国际互联网络为基础，利用数字化信息和网络媒体的交互性来实现营销目标的一种市场营销方式。

现代电子技术和通信技术的应用和发展是网络营销产生的技术基础，商业竞争的日益激烈化是网络营销产生的现实基础。各企业为了在日趋激烈的竞争中占据优势位置，使出了各种招数，想方设法地吸引消费者。然而短时间内能吸引消费者，也不一定就意味着能在竞争中取得胜利。开展网络营销可以节约昂贵的店面租金，可以减少库存商品的资金占用，可以使得经营规模不受场地的限制，可以采集消费者的信息等。这些都使企业经营的成本和费用降低，运作周期变短，从根本上增强了企业的竞争优势，增加了企业的经营利润。

网络营销就是在互联网上帮助企业或机构进行推广，树立品牌形象，以提高经济效益。互联网诞生以来，国内先后诞生了无数家互联网企业，如腾讯、百度、阿里巴巴、新浪等，它们赴海外上市，为世人所瞩目。

二、网络营销的现状

互联网已成为一种新的信息能源，所有产业和行业都应该将“互联网+”融入自己的产业和行业，如果不这么做，这个产业和行业就会落伍和被淘汰。从广度上来看，“互联网+”以信息通信业为基点全面辐射到了第三产业，并正在向第一和第二产业渗透。诸如餐饮、旅游、娱乐等服务业已经开始走向成熟的“互联网+”发展阶段。同时，工业互联网与农业现代化将为传统行业的转型升级带来新的机遇。

知识链接

2015 年，《政府工作报告》中就已提及“互联网+”新概念，希望通过互联网改造传统产业，改善中国的经济结构和增长方式。可以预见，互联网会改变很多传统产业的经营方式，直接成为产业生态链的重要组成部分，以企业为主导的产业互联网将蓬勃兴起。

互联网已经在不知不觉中渗透到了人们的生活中，社交、购物、支付、打车、洗车、挂号等功能几乎都可以通过互联网实现。

练一练

天气炎热，小龙感冒了。要是在以前，去看个病不请半天假根本搞不定，现在使用 App 预约服务，小龙便预约就诊时间为 8:30，看完病刚好上班。

请以看病难为出发点，分析、讨论互联网是怎么改变人们的生活的，以及这种改变是否会延伸到其他行业，并把讨论结果记录下来。

（1）现场挂号、电话挂号时代的医院就诊状况如何？看病一般需要等候多长时间？

（2）使用 App 等进行网上预约有何优点和缺点？看病需要等候多长时间？

（3）了解一下微信、支付宝、滴滴出行、租租车、大麦网、学而思等 App，讨论人们的生活有没有因此而发生改变。

（4）服饰类电商是否应该有自己的 App 呢？

三、网络营销的特点

1. 跨时空

营销的最终目的是占有市场份额。互联网具有不受时间和空间限制进行信息交换的特点，使得脱离时空限制达成交易成为可能，企业能有更多的时间和更大的空间进行营销，每周 7 天、每天 24 小时随时随地提供面向全球的营销服务。

2. 多媒体

互联网可以传输多种媒体的信息（如文字、声音、图像等），使得为达成交易而进行的信息交换可以以多种形式进行，充分发挥营销人员的创造性和能动性。如图 3-1 所示，在进行产品描述时运用图片和文字的结合能表达得更加形象和具体。

3. 交互式

互联网可以展示产品目录，连接资料库，提供有关产品信息的查询通道，可以和消费者做双向沟通，可以收集市场情报，可以进行产品测试与消费者满意度调研等，是产品设计、商品信息提供、服务的优秀工具。

4. 拟人化

互联网上的促销是一对一的、理性的、消费者主导的、非强迫的、循序渐进的，是一种低成本与人性化的促销，避免营销人员强制推销干扰消费者，并通过信息提供与交互式交谈，使营销人员与消费者建立长期、良好的关系。招商银行率先使用拟人化交谈，如图 3-2 所示。

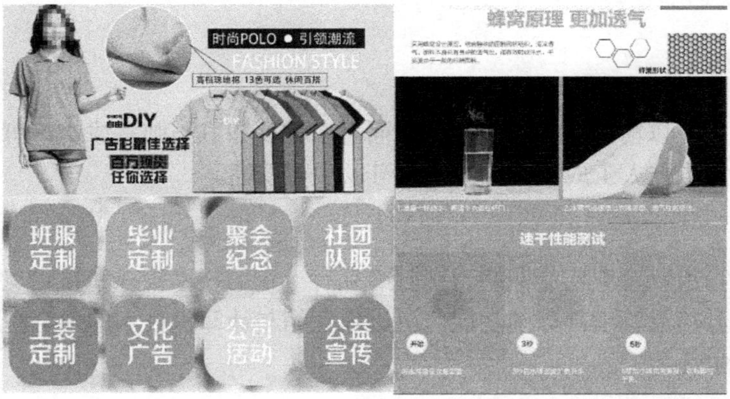

图 3-1　形象、具体的产品描述

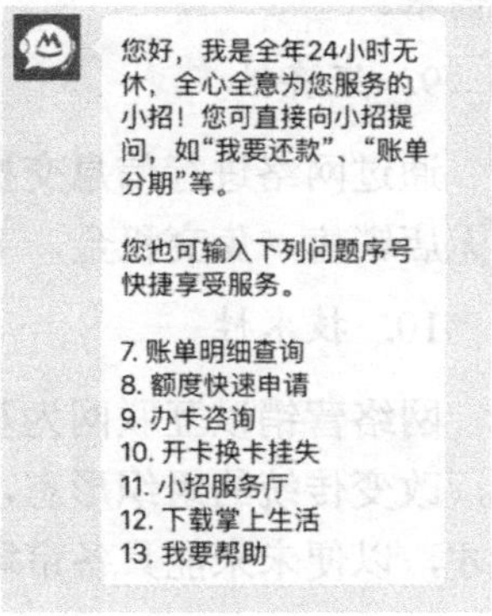

图 3-2　招商银行的拟人化交谈

5. 成长性

互联网使用者数量快速增长，使用者遍及全球且多半为年轻人，大多受过高等教育。由于这部分群体的购买力强且具有很强的市场影响力，因此是一个极具开发潜力的市场。

6. 整合性

网络营销由商品信息展示至收款、售后服务可一气呵成，因此也是一种全程的营销渠道（见图 3-3）。另外，企业可以借助互联网对不同的营销活动进行统一规划和协调，以统一的传播资讯向消费者传达信息，避免不同的传播渠道中的信息不一致对消费者产生消极影响。

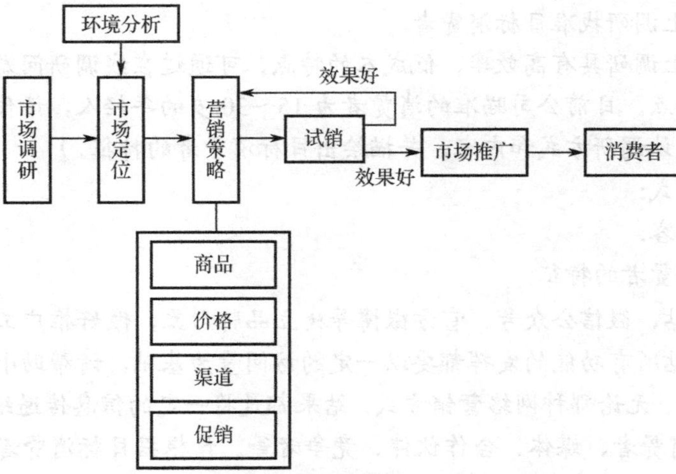

图 3-3　网络营销流程图

7. 超前性

互联网是一种功能强大的营销工具，兼具渠道、促销、电子交易、互动服务、市场信息分析与提供等多种功能。它所具备的一对一营销能力，恰好符合定制营销与直复营销的未来趋势。

8. 高效性

计算机可存储大量的信息供消费者查询，可传送的信息数量与精确度远远超过其他媒介，便于企业顺应市场需要，及时更新产品或调整价格，及时、有效地了解并满足消费者的需求。

9. 经济性

通过网络进行信息交换，代替以前的实物交换，一方面可以减少印刷与邮寄成本，可以无店销售，免交租金，节约水电与人工成本；另一方面可以减少损耗。

10. 技术性

网络营销以互联网为基础，所以企业实施网络营销时必须有一定的技术投入和技术支持，改变传统的组织形态，提升信息管理部分的功能，引进懂营销与计算机技术的复合型人才，以便未来能具备市场竞争优势。

四、网络营销的职能

网络营销的主要职能包括进行网络调研、助推网络品牌的树立和信息发布、确定网络渠道策略、选择销售促进策略、做好客户关系管理等。

练一练

经过一周的学习，小龙开始准备发言稿，他打算参考网络营销的职能，谈谈对服饰类电商的看法，请你和他一起完成发言稿。

本次发言稿的主要内容是在朋友圈推广公司的休闲运动服饰，使原有线下品牌可以在朋友圈得以延伸推广。小龙打算准备好全套的网络营销方案，不局限于朋友圈。

1. 利用网上调研找准目标消费者

（提示：网上调研具有高效率、低成本的特点。可通过在线调研问卷或电子邮件等分析消费者的特点。目前公司瞄准的消费者为15～30岁的年轻人，请你通过问题的设定，帮助小龙设计调研方式和内容，并描绘出目标消费者的特征。）

（1）调研方式:

（2）调研内容:

（3）目标消费者的特征:

2. 利用网站、微信公众号、官方微博等树立品牌形象，做好推广工作

（提示：网站所有功能的发挥都要以一定的访问量为基础，请帮助小龙设计出能增加访问量的方法。无论哪种网络营销方式，结果都是将一定的信息传递给目标人群，包括消费者/潜在消费者、媒体、合作伙伴、竞争者等。请根据目标消费者的特征来设计方案。）

（1）微信公众号签到赠送会员积分:

（2）

（3）

3. 选择的网络销售渠道

（提示：网络营销是企业销售渠道在网上的延伸，网络营销渠道建设也不限于网站本身，还包括建立在综合电子商务平台上的网上商店及与其他电子商务网站不同形式的合作等。请根据目标消费者的特征进行选择。）

（1）微店渠道：

（2）

（3）

4. 确定销售促进策略

（提示：大部分网络营销方法与直接或间接促进销售有关，但促进销售并不限于促进网络营销，事实上，网络营销在很多情况下对于促进线下营销十分有价值。请根据目标消费者的特征设计方案。）

（1）季末出清：

（2）

（3）

5. 进行客户关系管理

［提示：互联网提供了方便的在线消费者服务手段，从FAQ（常见问题解答）到邮件列表，以及各种即时通信服务，服务质量对于网络营销效果尤其是消费者重复购买具有重要影响。］

（1）周年庆积分兑换：

（2）

（3）

任务二 网络广告

导入案例 3-2

小龙在会议上和大家分享了自己一周的总结，经理表示满意，其中的很多推广需要外部媒体公司配合。为了让他更好地完成方案，经理让他下周和广告部负责人去见几个媒体公司负责人，了解一下成本，确定最终的推广方案。小龙很激动，实习生能外出见客户实属不易，他可以趁此机会好好学习网络广告方面的知识。

案例思考

小龙应该从哪些方面进行学习？

伴随着网购如火如荼的发展之势，电子商务领域也正在以风靡之势席卷全国各地，成为时下人们日常消费的主要渠道。电子商务网络广告是电子商务平台盈利的一项重要辅助工具，在电子商务活动中扮演着重要的角色。

一、网络广告的类型

在门户网站如新浪网中看到的各类广告、百度的竞价排名等都是网络广告，如图 3-4 所示。门户网站是指以新闻、供求、产品、展会、行业导航、招聘为主的集成式网站。

图 3-4　新浪网首页广告

可以针对腾讯的 Q 币、盛大的游戏点卡等虚拟产品投放网络广告，如图 3-5 所示。

图 3-5　虚拟产品网络广告

也可以在淘宝网（见图 3-6）、京东商城等网上商城、各类团购网站、网店针对实体产品或服务投放网络广告以实现销售。

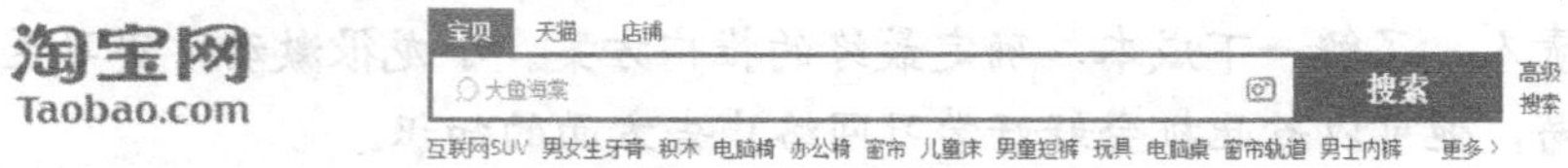

图 3-6　淘宝网

练一练

EC 公司是服饰类电商，属于________________的盈利模式，公司休闲运动服饰的目标消费者群体是 15～30 岁的年轻人，应该如何推广产品？

1. 根据操作方法分

根据操作方法的不同，网络广告分为点击广告、展示广告和投递广告，如表 3-1 所示。

表 3-1 网络广告（按操作方法分）

广告类型	广告形式	举例
点击广告	通过点击可进入相应页面的网络广告，如按钮广告、旗帜广告	
展示广告	指自身只传递信息而不供点击、不能交互的页面，常见的是以企业的 VI 形象为内容主题	
投递广告	利用电子邮件发送广告，或下载文件或程序时携带的广告	

2. 根据表现形式分

根据表现形式的不同，网络广告分为文字广告、图片广告和动画广告，如表 3-2 所示。

表 3-2 网络广告（按表现形式分）

广告类型	广告形式
文字广告	一般放在网站和栏目的首要位置，常用吸引点击的手法，利用夸张的语句来吸引人或把广告同新闻标题放在一起，吸引人点击
图片广告	以静态图片作为主要形式来展示广告内容，这种广告比文字广告更吸引人
动画广告	目前网络广告的主要表现形式

3. 根据查收方式分

根据查收方式的不同，网络广告可分为硬版广告、搜索广告和分类广告，如表 3-3 所示。

表 3-3 网络广告（按查收方式分）

广告类型	广告形式
硬版广告	直接展示网站的文字链接、图片等，消费者不用查找就可直接浏览
搜索广告	利用搜索网站，输入相关关键词后广告即自动出现，多以点击、竞价的形式来获利
分类广告	将信息分门别类，多以行业的形式，将大量信息合理地区分开来，而获利形式是收取会员年费

二、网络广告的盈利模式

有了交易，企业为了使自己的产品卖得更好，就会投入更多的广告进行宣传。广告是现代任何企业都不能回避的，没有好的广告，企业的发展就会受到限制，所以企业对广告越来越重视，尤其是目前的网络广告。商家根据自身产品特征和预算，选择适合的广告类型进行宣传。网络广告盈利模式大致可以分成两类：具备衡量标准的网络广告盈利模式和不具备衡量标准的网络广告盈利模式，如图 3-7 所示。

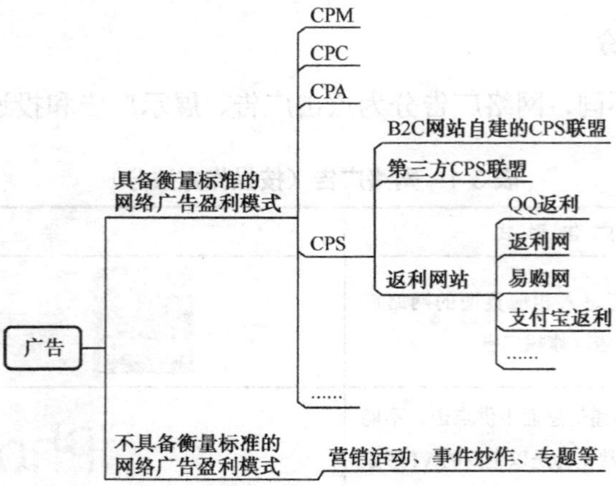

图3-7　网络广告收费模式

1. 具备衡量标准的网络广告盈利模式（见表3-4）

表3-4　具备衡量标准的网络广告盈利模式

模　式	定　义	应用场景	对　比
CPM	按照每千人浏览计费	如新浪网、搜狐网等门户网站的广告展示	CPM、CPC对渠道商有利，对广告主不利，因为广告主无法衡量广告效果。相比而言，CPA、CPS对广告主有利，因为广告主按照效果付费
CPC	按照用户每次点击计费	如百度的竞价排名	
CPA	按照用户每次行为计费	如引导用户注册网站会员	
CPS	按照实际销售额计费	如淘客联盟、QQ返利	

2. 不具备衡量标准的网络广告盈利模式

有时，广告主无法按照可量化的计费模式付费，比如广告主找一家网络营销公司，准备策划一个品牌推广活动，双方只能按照谈好的价格付费。

任务三　常用的网络推广方法

导入案例3-3

小龙从媒体公司回来，感觉网络营销涉及的范围很广。在和专业广告人接触后，他明白了不是多花钱做广告就一定有效，必须针对目标消费者，找到适合他们的推广方法，根据广告预算整体策划。小龙决定学习更多的推广方法，查找案例，做一个优秀的推广方案。

案例思考

你能帮帮小龙吗？

一、搜索引擎营销

搜索引擎营销（Search Engine Marketing，SEM）是基于搜索引擎平台的网络营销，利用人们对搜索引擎的依赖和使用习惯，在人们检索信息时将信息传递给目标用户。搜索引擎营销的基本思想是让用户发现信息，并进入网站或网页，进一步了解所需要的信息。

搜索引擎检索出来的是网页信息的索引，一般只是某个网站或网页的简要介绍，或者搜索引擎自动抓取的部分内容，而不是网页的全部内容，因此这些搜索结果只能发挥一个“引子”的作用，如何尽可能好地将有吸引力的索引内容展现给用户，是否能吸引用户根据这些简单的信息进入相应的网页继续获取信息，以及该网站/网页是否可以向用户提供他所期望的信息，都是搜索引擎营销所需要研究的主要内容。

搜索引擎营销所做的就是全面而有效地利用搜索引擎来进行网络营销和推广。搜索引擎营销追求高性价比，力求以较小的投入获得较大的来自搜索引擎的访问量，并产生商业价值。

另外，可以在搜索引擎中进行企业维护，将企业的负面信息尽可能少地呈现在用户面前，可以预防竞争对手在网络上恶意诬陷，同时可以进行正面的商业信息的推广，进而达到企业推广的目的。

1. 搜索引擎的基本营销方法

搜索引擎的基本营销方法是竞价排名和定价提名，另外还有维基营销等。

（1）竞价排名顾名思义就是向网站付费后才能被搜索引擎收录并使排名靠前，付费越高者可能排名越靠前；竞价排名服务是由企业为自己的网页购买关键词排名，按点击情况计费的一种服务。企业可以通过调整每次点击付费价格，控制自己在特定关键词搜索结果中的排名，并可以通过设定不同的关键词捕捉到不同类型的目标访问者。流行的点击付费搜索引擎有百度、雅虎等。企业除了应做付费广告和竞价排名外，还应对网站进行搜索引擎优化（SEO）设计，并将网站发布到各大免费的搜索引擎中。

案例 3-1

搜索引擎之百度

百度是大家熟悉的搜索引擎。2010 年，Google 退出中国大陆市场。此前，由于有些中国用户长时间无法接触 Google 搜索，以致形成了“外国的月亮比较圆”的盲目认知，尤其对百度搜索推广服务产生了强烈反感。事实上，全球众多搜索引擎都采取该种商业模式，相关调查报告显示，Google 的九成收入来自广告。

在使用手机“百度”App 时，除了能够打字输入搜索需求外，还可以享受语音搜索。越来越多的年轻中国人开始习惯搜索时“动口不动手”。

思考

请分别使用计算机浏览器和手机 App 登录百度、雅虎和你熟悉的搜索引擎检索“苹果”“电子商务”，看看排名前 10 位的信息有什么差异，并分组讨论导致这些差异的原因是什么。总结搜索引擎营销的优劣（提示：可从企业或产品的知名度、搜索排名与品牌推广的关系这两方面来考虑）。

课堂随笔

（2）定价提名是基于DataEX架构、FIBI架构、云计算等技术，具备效果和推广成本、排名和转化率多重优势的搜索引擎营销解决方案。与传统的搜索引擎优化不同，定价提名是将技术产品化、服务化的解决方案。

练一练

用百度对"网络营销"进行关键词搜索，结果中出现了哪些信息？哪些企业或机构采用了搜索引擎推广？哪些属于付费推广？需要的费用大概是多少？

（3）维基营销是一种建立在某些多人写作工具之上的营销手段，代表网站有维基百科、百度百科等。它以关键词为主，将关键词作为入口，建立产品或企业、品牌的相关链接。由于是针对关键词来进行的，所以面向的人群更加精准。由于知识的公正性和权威性，相关的衍生功能在搜索引擎上获得较好的排名，被较多的其他媒体引用。因此，维基营销同样能够建立企业品牌的知名度，对产品和品牌起到宣传推广作用，实现线上和线下销售。

2. 搜索引擎营销的升级和拓展

随着新的搜索引擎算法和服务方式（专业图片、视频搜索引擎）的出现，搜索引擎能搜索的内容不断增加。以百度为例，搜索内容有图片、视频、博客、资讯等，所以针对搜索引擎所做的营销活动也应该相应增加内容，举例如下。

（1）搜索引擎优化服务。早期的搜索引擎优化服务主要是网页搜索引擎优化，使用户搜索相关内容时网页排名靠前，获取自然排名和流量。以后，同样要把图片搜索引擎优化、视频搜索引擎优化纳入搜索引擎优化服务的范畴中。不过视频营销应该涉及更多新的内容。搜索引擎提供的地图和导航访问，也可以考虑如何进行搜索引擎优化。

（2）竞价排名广告管理。竞价排名广告管理包括关键词筛选、广告组分配、广告词创意、竞价过程优化、广告效果分析优化等。当然，竞价排名的跟踪、欺诈点击的检测等将涉及更多的方面。

（3）视频营销。视频营销是一种高效的推广方式。视频搜索引擎优化能提高视频的曝光率，重要性不言而喻。国内的视频搜索引擎有优酷视频、腾讯视频、乐视视频等，国外的视频搜索引擎有 YouTube、Instagram 等。每种类型的视频都会吸引到特定的粉丝群体，选择哪个平台取决于该次营销活动的目标和视频类型。

（4）社区营销。社区搜索是以海量的社区资源（论坛、社交网站、微博）为信息基础组织起来的搜索引擎功能，是人们对信息内容更新和个性化的一种新诉求。社区的重要性和多样性能极大地满足用户的商品需求和精神需求，其中的商业价值不言而喻。

（5）新闻营销。企业应该经常在新闻搜索结果中和用户“见面”。这是将来常见的推广模式，涉及很多线下的事件营销和网上新闻的结合。

二、博客营销

博客营销基于思想、体验等个人知识资源，通过网络形式传递信息。企业或个人使用博客平台发布并更新企业或个人的相关概况及信息，密切关注并及时回复平台上的其他用户对于企业或个人的相关疑问，甚至帮助企业零成本获得在搜索引擎中的较前排名，以达到宣传目的。某个时间段，新浪博客总流量排行如图 3-8 所示。

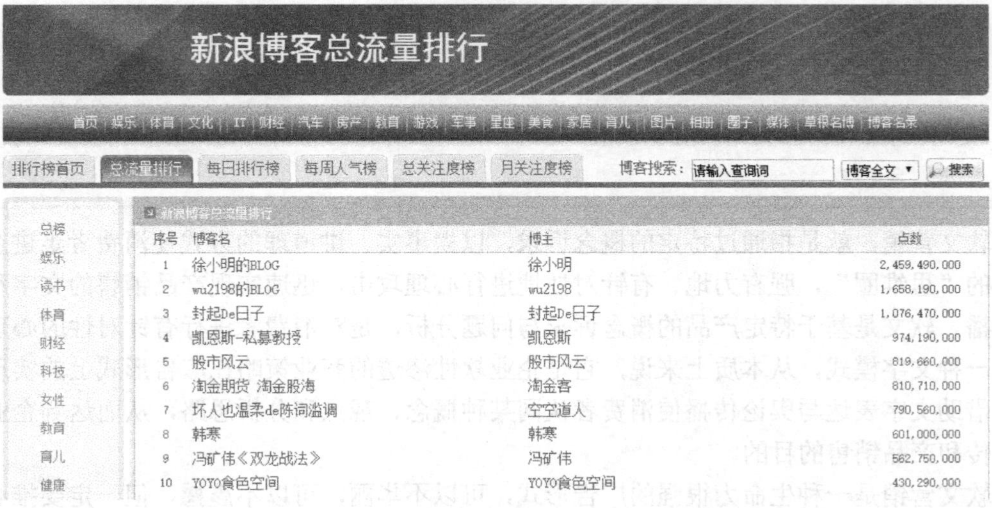

图 3-8 新浪博客总流量排行

一般来说，博客都是个人行为，当然也不排除有某个企业集体写作同一博客主题的可能。企业博客或营销博客具有明确的企业营销目的，博客文章中或多或少都会带有企业营销的色彩。

三、论坛营销

论坛营销中的主要方式是营销软文的推广，即软文营销。相对于硬性广告而言，论坛营销所用的软文用唯美的语言将产品形象化，刺激阅读者的兴趣，进而使阅读者产生消费的欲望。用软文的目的是将企业的产品和形象通过文字来进行包装，以达到宣传的效果。软文营销已经成为企业或产品营销推广中的一种很实用的方式，可以起到做广告的效果，达到提高企业知名度和美誉度，同时将企业的产品和服务卖出去的目的。

练一练

在天涯、猫扑、搜狐、网易、新浪等整合性论坛上有很多论坛营销文案。论坛帖子或文章由文字和图片组成，有的也包含视频、音频、Flash 之类的元素。

请帮助小龙在新浪论坛上进行营销，根据下列提示完成休闲运动服饰的软文营销。

（1）文字不要太华丽，讲出真实感受或者描述清楚即可。

（2）图片需要用心去拍摄和挑选，但不需要特别商业化，接近生活即可。

（3）利用第三者的身份，来写身边朋友真实的生活故事。

（4）以快乐分享为主，分享体验效果，有一定的信息价值。

软文营销，就是指通过特定的概念诉求，以摆事实、讲道理的方式使消费者走进企业设定的“思维圈”，强有力地、有针对性地进行心理攻击，迅速实现产品销售的文字和口头传播。软文是基于特定产品的概念诉求与问题分析，是对消费者进行有针对性的心理引导的一种文字模式，从本质上来说，它是企业软性渗透的商业策略在广告形式上的实现，通常借助文字表达与舆论传播使消费者认同某种概念、观点和分析思路，从而达到企业品牌宣传和产品销售的目的。

软文营销是一种生命力很强的广告形式，可以不华丽，可以不震撼，但一定要推心置腹地说家常话，因为家常话能打动人心，一字一句都为消费者的利益着想。

案例 3-2

消费者利益至上

国外有一家著名的 DIY 家装连锁店，其成功的秘诀就是为消费者省钱，员工的首要职责是，告诉消费者采用哪些装修材料和工具，既能满足他们的要求，又能最省钱。有一位消费者为了解决一个难题，欲购买一套价值5000美元的工具，该连锁店的一名员工为其提供了一个简单的解决方案，只花了5美元，消费者很感动，说会再来光顾。

许多人会说这样的商店太傻了，让消费者尽量多花钱才是快速致富之本。但事实上，因这家商店为消费者着想，得到实惠的消费者奔走相告，广告费分文未花，每天的来客却常常多得装不下，生意好得不得了。有了人气，财源自然滚滚而来。

思考

该案例告诉了我们什么道理？如果将这个软文发在各大平台上会有什么效果呢？

课堂随笔

四、邮件营销

邮件营销如果使用得恰到好处，企业可以立即与成千上万个潜在的和现有的消费者建立起联系，其成本远远低于邮寄营销。而今，越来越少的企业采用邮件营销方式，因为如果盲目地推行邮件营销存在着巨大的风险，用户会对收到的大量带有营销目的的邮件感到反感甚至愤怒，他们总是将那些邮件直接删除，甚至有可能投诉至邮箱服务提供商，使得企业在邮件营销中的大量努力付诸东流。因此，如何提高邮件营销的效果变得至关重要。

案例 3-3

邮件营销时代的开启

1994年4月12日，美国亚利桑那州一对从事移民签证咨询服务的律师夫妇Laurence Canter和Martha Siegel把一封“绿卡抽奖”的广告信发到他们可以发现的每个新闻组，通过互联网发布广告信息。这样，他们只花费了20美元的上网通信费用就吸引来了25000个客户，赚了10万美元。自此，“邮件炸弹”让许多服务商的服务处于瘫痪状态，这一利用互联网进行营销推广的方式引起了人们的广泛思考与关注。

思考

请问你有自己的邮箱吗？你的邮箱会收到一些什么邮件呢？有企业发给你的吗？是哪些企业发给你的？邮件里又出现了哪些内容？

课堂随笔

____

____

____

____

练一练

请帮助小龙提升电子邮件的营销效果，根据下列提示完成休闲运动服饰的邮件推送设计。

（1）让用户收到邮件（邮件地址数据库→目标精准、高效的邮件地址数据库）。

（2）让用户打开邮件（发送时间、邮件标题）。

（3）让用户点击邮件相关链接（传达信息和创意设计、邮件信息与用户个人兴趣的相关性、使用适合的语言、对合适的人进行邮件预测试）。

（4）让用户采取行动（刺激用户购买或参与活动）。

五、问答营销

问答营销属于互动营销方式，是互动营销基于第三方口碑而创建的网络营销方式之一，既能与潜在消费者产生互动，又能植入企业广告，是做品牌口碑、互动营销的有效营销方式之一。实施问答营销时，应遵守问答站点（如百度、天涯论坛等）的发问或回答规则，然后巧妙地运用软文，让自己的产品、服务植入问答中，达到第三方口碑效应。

练一练

一个教育类企业要做知识问答营销，目标人群定位于高考落榜生。那么在提问题的时候就必须从一个高考落榜生的角度展开。请按照下列要求，尝试在百度或知乎（见图3-9）进行问答营销。

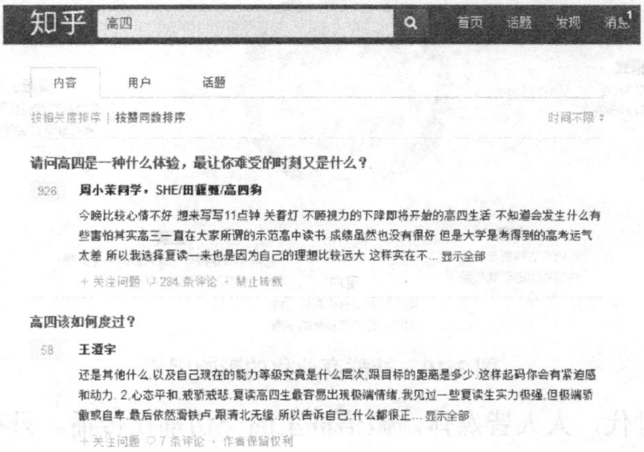

图 3-9　在知乎上提问和回答

（1）不要在问题中添加网站链接。网站链接最好出现在参考资料中，文中尽量少出现。尽量不要留网站的首页链接，而要留某个具体页面的来源链接（切勿贪多，每天 2 个左右就好）。

（2）不要只用问答账号回答自己的问题，可以回答些相关问题，这样可以提高账号的人气和等级，等级越高，审核通过率越高。

（3）避免过度的自问自答，一旦被搜索引擎自身的系统监测到作弊（认为用户在做广告或刷分），就会受到封号的惩罚。

（4）必要时可以匿名回答。匿名回答可以避免网友举报（在“百度知道”容易被举报）。

六、整合营销

整合营销是对各种营销工具和手段的系统化结合，根据环境进行即时性的动态修正，以使交互双方在交互中实现价值增值的营销理念与方法，包括旅游策划营销、事件营销等相关门类。整合就是把各个独立的营销工作综合成一个整体，以产生协同效应。这些独立的营销工作包括广告、直接营销、销售促进、人员推销、包装、事件、赞助、客户服务等。应战略性地审视营销体系、行业、产品及客户，从而制定出符合企业实际情况的整合营销策略。

七、社群营销

基于相似的兴趣爱好、价值观、社会关系等各种因素，借助社交网络服务工具聚合在一起的一群人，就可形成社群。可基于社群进行社群营销。图 3-10 所示为社群商业化的影响因素。

图 3-10　社群商业化的影响因素

在移动互联网时代，人人皆媒体，微信群里的一切都在传播。只有做好群里面的分享信息，好好利用微信群进行传播（分享即营销），才能做好营销，只有影响到其他的人，才能吸引源源不断的粉丝，借助他人的微信朋友圈及所在的微信群进行传播。而传统媒体还不能使事件一发生就传播。这就是微信群的威力所在，可以迅速成就一个品牌。

当人和人之间建立起了信任关系，产品就只是互动时的一个媒介而已。人们对于未知的事物，总有一种焦虑的心态。而建一个微信群把体验过的人和未体验过的人拉到一起就解决了这个问题，体验过的人会成为很好的转介绍媒介。

案例 3-4

广告，它还是来了

“广告，也可以是生活中的一部分。”2015 年 1 月 21 日，微信团队悄无声息地发了一条推广信息，开始测试朋友圈广告功能。1 月 25 日，来自宝马中国、vivo、可口可乐 3 个品牌的首批朋友圈广告上线，立即成为当晚朋友圈热议焦点。微信朋友圈广告为信息流广告，与平常能够看到的朋友圈原创形式相似，由文字和图片信息共同构成，用户可以点赞或评论，看到朋友们给出的评论，并形成互动。信息流广告并不是创新的产品，在国外的 Facebook、Twitter，以及国内的新浪微博、QQ 空间等都有相关的产品，利用先进的内容匹配技术，信息流广告系统可以把移动广告变成有用的信息，由于信息流广告直接植入用户视觉焦点内容之中，因此，被忽略的可能性极低。而微信朋友圈显然不能放过这块肥肉。然而，微信这一举措，触发了原生广告市场的普及化，在广告主和平台服务商的合作下建立了全新的移动互联网广告生态圈。

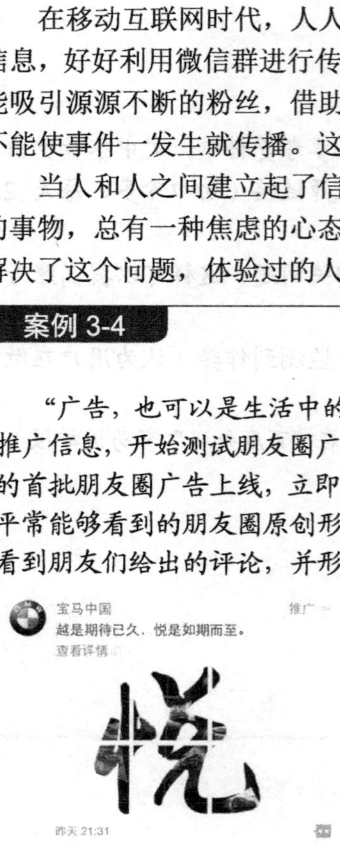

思考

请分组讨论朋友圈广告的优劣势。这与网页中的互联网广告有什么差别？

课堂随笔

案例 3-5

“粉丝”送偶像奶粉

2015 年，微信上一则关于周杰伦的消息引起了网友的疯狂转发。一位周杰伦的女“粉丝”在某媒体上发表了一封对他的告白信，信中热烈地表达了她对周董（指周杰伦）的狂热与喜爱。这位女“粉丝”即将出嫁，她想在出嫁前送给偶像的女儿 999 天的爱和绵羊奶粉。

告白信被刊登后，立刻引发了网友的围观，大家对这位女“粉丝”的举动做出各种回应。也有一些八卦的网友提出：“好想知道送给周董的究竟是什么奶粉。”于是很多网友真的在网上找到了那种奶粉，原来是新西兰的 Blue River（蓝河）婴幼儿配方绵羊奶粉。

Blue River 的这一大社会化营销案例引起了传播热潮。其中，Blue River 借“某天王巨星女儿诞生”的实时热点，策划了“忠粉送‘小公举’奶粉”事件，迅速引爆社会媒体并发酵，通过阶段性互动营销拉动产品销售。广告投放 17 天，总展示量超过 1000 万次，总点击量近 6 万次，平均点击率达到 0.6%，超过 0.4%的行业平均点击率，影响的独立受众达到近 300 万个。

思考

分析以上案例，说说这与传统的营销方式有什么不同，新颖之处在哪里，为什么可以引发那么大的社会效应。

课堂随笔

____

____

____

____

练习题

一、选择题

1. 关于网络营销和传统营销的说法正确的是（　　）。
   A. 网络营销暂时还是一种不可实现的营销方式
   B. 网络营销不可能冲击传统营销方式
   C. 网络营销最终将和传统营销相结合
   D. 网络营销将完全取代传统营销的一切方式
2. 网络营销在将来的品牌策略中可能起到的作用是（　　）。
   A. 网络无法针对不同消费者提出不同的品牌计划

B．网络无法针对不同消费者提出不同的品牌建议

C．通过互联网，企业可以对不同的消费者提供不同的产品

D．与品牌计划无关，按照惯例由国外分销商的兴趣决定

3．“企业可以借助互联网对不同的营销活动进行统一规划和协调，以统一的传播资讯向消费者传达信息”，这体现了网络营销的（　）特点。

A．交互式　　B．整合性　　C．跨时空　　D．成长性

4．相对而言，（　）可作为网络营销选择的对象和应用的起点。

A．可鉴定性产品　　B．高档次产品

C．潜在产品　　D．经验性产品

二、简答题

1．如何进行搜索引擎的优化以达到营销的目的？

2．简述网络广告的收费方式。

3．网络营销的工具有哪些？

三、综合实训题

随着时间的快速推移，“80 后”“90 后”逐渐成为网络消费人群的主体，他们所关注的信息和内容往往是整体网络发展的趋势和潜在的新兴细分盈利市场。从媒介、社交网络、电子商务等方面看，“80 后”“90 后”的潜在消费倾向和需求具体是哪些？如何在未来布局促使“80 后”“90 后”活跃的平台？如何提升媒体融合在“80 后”“90 后”心目中的地位？

设计要求如下。

1．过程要求：学生根据产品特点拟出网络推广提纲；小组讨论后形成方案；组间交流，教师对各小组的初稿进行点评；学生修改初稿，形成定稿。

2．成果要求：帮助小龙针对公司的休闲运动服饰完成一份为期半年的网络营销策划方案。

3．其他要求：能利用互联网查找相关资料，顺利进行团队合作；在讨论时能围绕主题清晰表达自己的观点，会倾听他人的想法；能熟练使用计算机办公软件；面对困难时能提出合理的解决方法。

四、项目实操题

1．登录微盟网站（网址为 www.weimob.com），了解新型网络营销方式，帮助卖家选择网络营销的产品，并学习一些网站提供的成功案例，如图 3-11 和图 3-12 所示。

图 3-11　产品中心

图 3-12　微电商解决方案

2．注册微信，帮助小龙建立 EC 公司的微店（以休闲运动服饰为主要商品）。

3．上传商品。自行挑选至少 8 个单品进行产品详情页面设计，分组上台展示。图 3-13 为其参考图。

4．宣传推广。自行设计在朋友圈进行吸粉的活动，看看一周后谁吸引的粉丝最多。

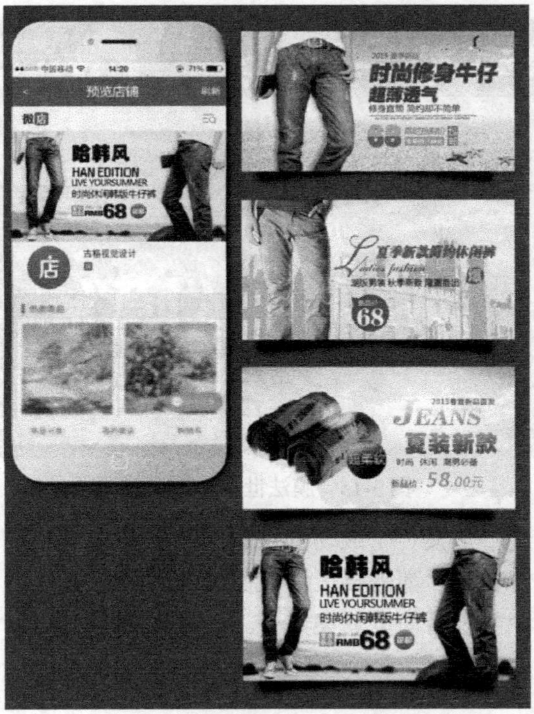

图 3-13　页面设计参考图

五、拓展延伸题

膜法世家活动策划案例

膜法世家是上海悦目化妆品有限公司旗下的面膜品牌，专注于生产面膜护理用品，拥有多个系列的成分天然、功效突出的特色面膜类个人护理用品，一上市即广受好评。膜法世家非常注重产品展示和主题活动策划，其官网及天猫页面分别如图 3-14 和图 3-15 所示。

网络策划部主要负责活动策划、产品文案设计和具体的活动安排，需要和产品部、销售部、设计部进行沟通协作，才能造就一次好的活动。

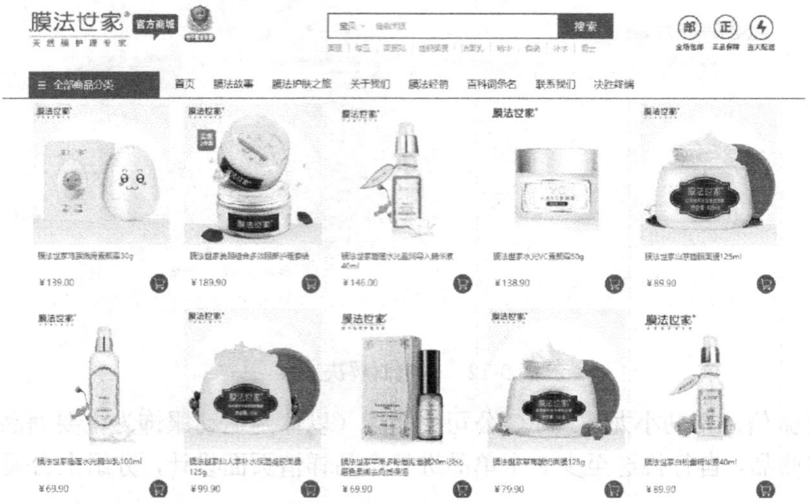

图 3-14　膜法世家官网页面

图 3-15　膜法世家天猫页面

每个店铺都需要通过一个又一个成功的主题活动来带动一轮又一轮的消费。其中，主题如何选定、活动日如何安排，都需要策划人员静心思考。

如此次膜法世家金沙主题活动策划案如下。

膜法世家金沙主题活动策划案

1. 活动目的

（1）通过主题促销，提高金沙系列产品及其他产品在××年 12 月份圣诞档的销售。

（2）与金莎的《爱的魔法》专辑推广形成呼应，通过集中主题传播，提高膜法世家的品牌知名度和影响力，促进搜索类流量和收藏类流量的提升。

2. 活动主题

（1）整合传播主题：“爱的膜法，美的蜕变”。

（2）情感活动主题：“爱的膜法，为谁而变”。

3. 活动时间

11月下旬—12月中旬

4. 活动内容

（1）主题炒作——通过店铺、微博、掌柜说、电子邮件等进行主题炒作（具体炒作方案待定）。

（2）5万份体验套装付邮试用（6元邮费）——淘宝试用中心，11月21—30日。

为金沙水养嫩白小样组合制作纸质促销袋，同时制作适用的快递袋：

① 金沙水养嫩白洁面乳（2克）；

② 金沙水养嫩白乳液（2克）；

③ 金沙水养嫩白面霜（2克）；

④ 金沙水养嫩白面膜膏（8克）。

（3）2万份买赠——店铺促销，11月20日后持续。

金沙水养嫩白旅游套装（塑料袋分装）：

① 金沙水养嫩白洁面乳（20克）+ 金沙水养嫩白乳液（30克）；

② 金沙水养嫩白面膜膏（30克）；

③ 金沙水养嫩白面霜（5克）；

④ 金沙水养嫩白眼胶（5克）。

（4）专场聚划算，12月9—11日。

① 金沙水养奇迹经典套盒（珍藏版）（产品+《爱的魔法》CD）——10000套；

② 金沙水养嫩白洁面乳（150克）+ 金沙水养嫩白面霜（50克/15克）；

③ 金沙水养嫩白面膜膏（100克/50克）+ 金沙水养嫩白眼胶（15克/5克）；

④ 金沙水养嫩白乳液——20000套；

⑤ 金沙水养嫩白精华素——20000套；

⑥ 聚划算期间与"限量特惠""满即抽奖"等其他促销活动配合，提高聚划算期间的客单价。

（5）传播造势。

① 淘宝广告：争取100万元左右的广告资源；钻展广告；活动前期投放50万元左右进行预热，聚划算期间投放50万元左右；

② 官方微博（新浪、腾讯）传播造势：进行主题传播、有奖参与和促销传播，持续2～3周；

③ 淘宝掌柜说传播造势：进行主题传播和促销传播，持续2～3周；

④ 淘宝帮派、社区等传播造势：进行主题传播和促销传播，持续2～3周；

⑤ 达人微博传播造势：借用外部资源进行达人微博传播造势（聚划算前持续一周）；

⑥ 金莎方面资源传播：如金莎微博、百度贴吧等，进行主题传播，持续2～3周；

⑦ 电子邮件传播：自有会员+其他目标（购买信息）消费群（提前10天左右发布）；

⑧ 短信传播：自有会员（试用活动前、聚划算前）；

⑨ 时尚杂志传播：利用《瑞丽》《女友》等杂志资源进行软性传播；

⑩ 外网传播（传播计划待定，预算费用50万元左右）。

（6）活动目标。

① 活动期间全网销售收入达1000万元以上；

② 活动期间流量较前增加50%以上，活动后流量稳定增加30%以上。

（7）费用预算。

产品、促销与广告费用约700万元（具体费用待计算）。

思考：如果是你来负责策划，策划案会是什么样的呢？

项目四

网络媒体

技能目标

能分析各类网络媒体的盈利模式

能帮助公司合理利用网络媒体提升竞争力

知识目标

掌握网络媒体的特征

掌握网络媒体的发展方向

素质目标

培养学生的组织分工与团队合作能力

培养学生的讨论与口头表达能力

培养学生的独立思考与策划能力

建议课时数

8

任务一 新媒体

导入案例 4-1

实习生小龙这次轮岗的部门是网络运营部。刚好公司的新季度服饰准备上市，现已经制订好推广方案，着重利用淘宝直播引流带货，结合其他新媒体运营。小龙对于直播一知半解，经理要求小龙尽快熟悉直播。为了完成经理交给他的任务，小龙打算先了解各个平台的直播。

自 2016 年诞生，电商直播就一直被置于聚光灯下，并凭借其特有的高黏性和高转化率，成为备受追捧的行业新宠。

从 5 分钟卖出 14000 支口红的李佳琦，到“618”带动总成交额超 5 亿元的“淘宝一姐”薇娅，电商直播正在一次次刷新自己创下的销售纪录。

其中让小龙印象深刻的是李佳琦的卖口红直播。被誉为“口红一哥”的李佳琦凭借“Oh My God，买它”“哇，这也太好看了吧”等诸多让人上头的口号，以及洗脑式的推销方式成功变身直播界的带货王。

一次直播试 380 支口红、15 分钟卖掉 15000 支口红、5.5 小时带货成交 353 万元……收获多个傲人成绩的同时，他还是“30 秒涂口红最多人数”的吉尼斯世界纪录保持者。两个月时间，节奏、氛围、内容极具特色的李佳琦，抖音涨粉 1400 多万名。

无论是口红还是日常护肤品，只要李佳琦运用 OMG（Oh My God）式颇具魔性的口头禅连续不断地推荐，众多粉丝便会在煽动下疯狂购买。

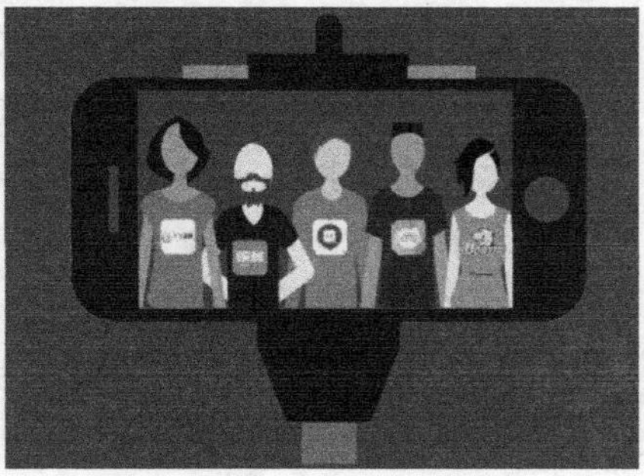

无论是网红直播还是明星直播，带货火热的背后，是消费者的消费方式在不断升级。对消费者而言，线上图文式的选购方式早已让他们感到审美疲劳，消费阈值不断升高，消费兴奋点也越发难被唤起。

而在直播卖货中，主播亲身上阵体验式展示商品，让消费者能全方位地欣赏商品的样式，间接体验到商品的使用感受，比起图片而言能看到的细节更多。

案例思考

小龙思考：EC 公司此次的新品通过淘宝直播的方式是否可以达到推广营销的目的？如果可以，会达到什么效果？如果不可以，原因又是什么？请你帮助小龙分析他的疑惑。

新媒体是相对于传统媒体而言的，是在报刊、广播、电视等传统媒体以后发展起来的新的媒体形态，是利用数字技术、网络技术、移动技术，通过互联网、无线通信网、有线网络等渠道，以及计算机、手机、数字电视等终端，向用户提供信息和娱乐的传播形态和媒体形态。

一、新媒体平台

在新技术的推进下，新媒体的发展呈现出多种形态。目前，对人们影响较大的新媒体平台有视频平台、社交平台和自媒体平台。

1. 视频平台

娱乐化和多媒体化是营销推广的新势头，随着受众年龄层的年轻化，视频平台已成为企业做营销推广的必争渠道之一。其内容表现形式主要有短视频、长视频、在线音频等。

（1）短视频是一种互联网内容传播方式，一般是在互联网新媒体上传播的时长在 5 分钟以内的视频；随着移动终端的普及和网络的提速，短、平、快的大流量传播内容逐渐获得青睐。例如，抖音、秒拍、快手等具有短小精辟、受众多、易传播的特点。

案例 4-1

海底捞“抖音吃法”爆红背后：零成本“病毒式”传播

一个抖音视频在网上广为流传，一位网友展示了自己的独特吃法，在海底捞点一碗米饭，配上料台上的牛肉粒和火锅番茄底料，3 块钱就得到了一碗美味的番茄牛肉饭，走红后成了 2018 年海底捞就餐标配。

短短一星期，“海底捞番茄牛肉饭”已经成了到店消费者的一个接头暗号。

其实，海底捞的自制番茄牛肉饭并不是刚刚发明出来的，各种“吃穷海底捞”的方式一直在美食论坛上常换常新。而这一次忽然受到了全国吃货的一致关注和追捧，作为传播平台的抖音功不可没。

分析人士普遍认为，随着更多网络社交软件的问世，人和硬件开始产生交互的飞跃，抖音上大量的视频内容给人以真实、亲近、有冲击力的感觉，其互动性和社区性上了一个台阶——“接地气”。

人们的日常生活中，一日三餐可以说是个非常接地气的场景，这也就解释了为什么在抖音平台迎来流量爆发时，最先出现的是一大波关于饮食的内容。

抖音一时间变成了“舌尖上的抖音”，这为餐饮品牌提供了极有营销价值的天然土壤。

思考

你认为利用抖音这种短视频平台进行推广有什么优势？小龙是否可以利用短视频帮助公司宣传新季度服饰？

课堂随笔

（2）长视频一般指超过半个小时的视频，以影视剧为主。长视频主要由专业公司完成制作，其版权的获得至关重要。长视频平台有优酷、腾讯视频、爱奇艺等，具有固定且特定的用户群体，有一定的平台特征。

案例 4-2

爱奇艺上线《小欢喜》定制课程

2019 年，由黄磊、海清、陶虹领衔主演的都市情感剧《小欢喜》在爱奇艺正式播出。该剧改编自鲁引弓的同名小说，以“高考”为核心，描绘了父母与子女间有笑有泪的家庭成长故事，原著小说已在“爱奇艺阅读”App 呈现。随着剧集的播出，爱奇艺知识也同步推出了《小欢喜》IP（原意为知识产权，后在互联网界引申为文化创意产品）定制课程“读懂青春期的叛逆，和孩子一起收获小欢喜”，从多个角度进行实例分析，提供解决焦虑和问题的方法，旨在帮助父母读懂青春期的孩子。近年来，爱奇艺以网剧、网络综艺、小说、知识付费、动漫、游戏等方式，不断展现对优质 IP 的开发与联动优势，在为用户创造丰富的视听享受的同时进行深度挖掘，满足用户的多维度需求。

结合热播剧《小欢喜》《无主之城》《黄金瞳》《皓镧传》《都挺好》，以及热门综艺《中国新说唱》《乐队的夏天》《我是唱作人》等，爱奇艺知识已推出覆盖亲子教育、文史研究、音乐鉴赏、安全防卫等的多品类课程，深受粉丝的喜爱。爱奇艺依托自身强大的 IP 制造力，通过生态矩阵式的开发与联动，不断赋能 IP，使其产生更深远的价值与影响力，促进产业多元化发展。

思考

从以上案例可以看出，爱奇艺展现了 IP 联动的哪些优势？根据爱奇艺的用户群体特征，你认为还可以设置哪些定制课程吸引用户的关注？请谈谈你的看法。

课堂随笔

（3）在线音频是指通过网络流媒体播放、下载等方式收听的音频内容。在线音频平台主要包括综合型平台、有声阅读平台和音频直播平台；音频平台有喜马拉雅、荔枝、蜻蜓、企鹅等，具有伴随式、多场景使用的特点。

案例 4-3

“声控”——声音社交

荔枝平台的用户有一个很明显的特性，就是兴趣聚合，用户在这里很容易结识志同道合的朋友，社交习惯、爱好、三观都很好融合。他们喜欢好听的声音，没有什么比悦耳的声音更能令他们愉悦。对他们来说，人的声音比颜值更重要，这就是大家口中所说的“声控”。

荔枝平台设置了情感调频、明星电台、脱口秀、声音恋人、广播剧、催眠、亲子宝贝、二次元、听小说等超多内容分类，为用户精准化定制音频，更有海量主播实时“语音直播”，陪用户聊聊那些人生的迷茫和烦恼。

荔枝早在2018年初在北京召开品牌升级发布会，发布全新品牌战略和定位为“泛娱乐化声音互动平台”时，就已经开始构建立体的粉丝经济。早期官方签约以李易峰、胡一天为代表的当红流量明星为品牌代言人，相继邀请杨幂、白宇、刘涛、华晨宇、秦岚、谭松韵等众多热播剧明星做客站内，通过语音直播和音频内容入驻的形式孵化其目标粉丝圈层。

思考

通过阅读以上案例，实习生小龙有3个疑问：第一，在如今这个“内容至上”的时代，像荔枝这类音频平台是如何获取内容的？第二，它们靠什么吸引用户群体？第三，音频平台是如何盈利的？请你帮助小龙解答疑问吧！

课堂随笔

2. 社交平台

社交平台作为目前最重要的日常交流工具之一，已然融入了大家的生活。常见的社交平台有微信、微博、交流问答平台等。

（1）微信平台包括微信公众号平台、个人号、微信群、微信广告资源等，具有用户群体巨大的特点。

如今，微信成了很多人的社交媒体。很多企业也都塑造自身的微信公众平台，这有利于客户了解公司，也有利于企业形象的塑造。

案例 4-4

微信发布 2019 年春节数据报告：北京成“年度红包城市”

2019 年 2 月 10 日，微信官方发布 2019 年春节数据报告，从拜年、发红包、走亲戚、节假日等春节必备活动出发，对中国人的春节活动进行了解读。从除夕到初五，微信消息发送量同比增长 64.2%、8.23 亿人收发微信红包、微信运动显示全体用户走出 9.63 万亿步……日活跃用户数量为 10 亿的微信已经成为春节年俗的重要组成部分。

除夕这一天，用户在微信上的活动最频繁，单日消息和朋友圈信息量达到顶峰。其中，“90 后”正在成长为移动互联网世界的主宰，实现了发出最多条微信消息、最多条朋友圈、最多个表情包、收发最多次微信红包的“四个最”。

除夕到初五的红包收发总量排名中，成都被广州取代，掉出前三名，北京、广州、重庆成为红包收发总量 TOP3。其中，收发量最大的北京被誉为“年度红包城市”，同时因红包发送和收取量均为最大，成为被人羡慕的“最懂得爱与被爱滋味”的城市。

微信推出微信红包定制封面、拜年红包、表情红包等多种形式的红包类型，把抢红包这一春节国民活动变得更加妙趣横生。

思考

每个月底，EC 公司都会通过微信红包的方式鼓励优秀员工。请举例说明互联网红包给你生活带来了哪些影响。

课堂随笔

（2）微博是指基于用户关系信息分享、传播及获取，通过关注分享简短实时信息的广播式社交媒体、网络平台，如企业微博、微博广告等，虽然微博的活跃度有点下降，但微博活跃用户依然在增长。

案例 4-5

二次元“出圈”，微博成大推手

2019 年 7 月 26 日，电影《哪吒之魔童降世》（以下简称《哪吒》）正式上映，上映以来，“藕饼”CP（组合）竟成了《哪吒》创造票房奇迹的“爆点”，在微博超话（微博平台中的超级话题）中，“藕饼”和“饼渣”CP 的超话累计阅读量超过 10 亿次，有 3.5 万个相关的帖子，成为 2019 年夏天“CP 党”的盛大狂欢。《哪吒》之所以刷新了中国动画电影票房纪录，成为观影人次过亿的国产“现象级”电影，乃是因为相比之前的《西游记之大圣归来》与《白蛇：缘起》，它是第一部真正“出圈”的国产动漫。

包括“藕饼”“哪吒头”在内的多次微博热搜，众多大 V（已获得个人认证、拥有众多粉丝的微博用户）不约而同地变身“自来水”（自发推荐，不求回报的“网络水军”），对于《哪吒》“出圈”功不可没。

根据“2019 年超级红人节”动漫领域分论坛公布的数据，微博的二次元（动漫、游戏等的虚拟世界）关注人群已经达到了 2.62 亿名，占到微博月活跃用户的 58%。

相比于封闭的贴吧、群组，超话同时会出现在开放的微博信息流中，源源不断地吸引有相同爱好的人，像滚雪球一样将某个兴趣社区越滚越大。

“藕饼”CP 之所以在微博上蹿红，离不开大量二次元博主创作的同人漫画（以商业漫画为基础进行的二次创作），这些同人漫画作品通过超话、搜索汇聚成了滚滚洪流，最后冲上微博热搜榜。

思考

读了这个案例，你认为“微博”这个社交媒体具有什么特点？小龙是否可以利用微博帮助公司宣传新季度服饰？

课堂随笔

____

____

____

____

（3）交流问答平台集成了自动切分词、智能搜索、自动分类等一整套的自然语言处理技术和信息检索技术，为用户提供一个交流平台。用户可以在该平台接受专家和其他用户的帮助，也可以尽力给别的用户提供有效的帮助。问答平台有知乎（首页如图 4-1 所示）、悟空问答、搜狗问答、360 问答等。通过问答推广吸引用户，精准度比较高，营销能力十足。

图 4-1　知乎首页界面

案例 4-6

知乎和肯德基用一块汉堡“敲开”一群用户的脑洞

2019 年 7 月，肯德基推出全新汉堡“Double Down 培根鸡腿重磅肉霸堡”，知乎联合肯德基在平台中发起了一场“超级脑洞挑战赛”（见图 4-2），吸引了 160 余万人的目光，并成功获得了来自美食、化学、生物学、中药学等各个领域的用户参与到这一场“想象之战”中，碰撞出了各种奇思妙想，热度之高让相关话题一度登上知乎热榜。

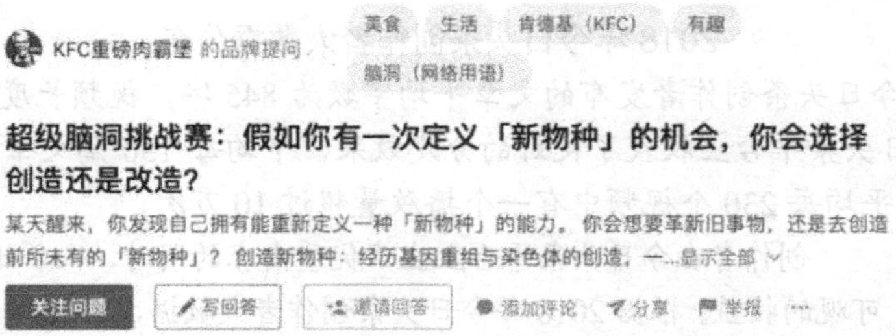

图 4-2　知乎联合肯德基在平台中发起“超级脑洞挑战赛”

肯德基的新品“Double Down 培根鸡腿重磅肉霸堡”正是被定位于汉堡界的“新物种”，这个“新物种”一经面世，就在知乎上提出了一个问题：“假如你有一次定义‘新物种’的机会，你会选择创造还是改造？”于是乎，一场“超级脑洞挑战赛”就此拉开了帷幕。为了激励用户参与，肯德基和知乎还设置了不同的奖励，包括刘看山的人物公仔、肯德基的礼品卡等。

一位来自美食领域的知乎用户就脑洞大开，一次性改造出 5 种全新的“汉堡物种”，比如带着京腔儿化音的“懒龙堡”，可以充分包裹肉馅，无论从哪里下口，都不怕“露馅”；还有被外国人视为黑暗料理的“腐乳堡”，甚至是“臭豆腐堡”，这些都是很符合国人口味的改良型汉堡，具有地方特色，又不失国际气质。因此，这个用户的回答成了问题下最热的回答，收获了 1000 多个赞。

具有独特创意的想法还有很多，如肉质鲜美、排泄物还能发电的动物，把人改造成动漫二次元里面的人物，把猫改造成家务小能手等。这些构想登上热榜之后，吸引了更多的用户参与进来，从而形成了一个话题旋涡，不断地吸纳用户的想象力。

思考

你认为小龙是否可以利用“知乎”这类交流问答平台宣传新季度服饰？如果可以，要如何操作？

课堂随笔

3. 自媒体平台

自媒体作为近几年崛起的运营平台，凭借自身的巨大流量，已经吸引很多企业和自媒体人争相入驻。

（1）今日头条的头条号、腾讯的企鹅号、百家的百家号、搜狐的搜狐号、网易的网易号、阿里的大鱼号等平台曝光率高，用户忠诚度高。

案例 4-7

2018 年今日头条创作者大数据公布

2018 年，今日头条创作者发布的文章平均字数为 845 字，视频长度平均为 3 分钟。这些内容在今日头条平台上收获了良好的分发效果，平均每 150 篇文章中有一篇阅读量超过 10 万次，平均每 230 个视频中有一个播放量超过 10 万次。

创作者在今日头条平台上生产优质内容的同时，从今日头条平台获得了可观的收益。根据 2018 年今日头条创作者大数据，自 2018 年 7 月起至 2018 年底，已有 2071 位创作者开通今日头条付费专栏，其中专栏“每天读点故事”超过 4 万人次购买。同时，自 2018 年 1 月起至 2018 年底，已有 3833 位创作者开通了小店，其中，创作者“巧妇 9 妹”通过今日头条小店卖出 765 吨水果，年成交额超过 1500 万元。

2018 年 11 月，今日头条在生机大会上宣布将启动平台生态升级，进一步完善基础设施，更好地服务创作者。今日头条大力度地将流量往粉丝身上倾斜，同时完善粉丝变现工具，包括商品功能、头条小店、内容付费、直播等基础设施，帮助优质创作者真正聚焦长远利益。

思考

尝试下载“今日头条”App，谈谈今日头条这类自媒体平台的特点和发展趋势，请举例并说说你的个人看法。

课堂随笔

（2）论坛平台有百度贴吧（首页如图 4-3 所示）、豆瓣、天涯论坛等，百度贴吧有高流量内容，豆瓣有高质量内容。

图 4-3 百度贴吧首页界面

练一练

网络媒体显然已经渗透到社会生活的各个领域，经理要求思考的问题是，除了直播外，还有什么新媒体平台可以达到宣传的目的。你能帮小龙举例说出如何借助以下 6 种新媒体形态进行 EC 新季度服饰的宣传吗？请填写于表 4-1 中。

表 4-1 6 种新媒体形态的宣传举例

新媒体形态	举 例 说 明
视频	
音频	
微信	
微博	
自媒体	
论坛	

二、新媒体的特点

新媒体的发展将是未来媒体发展的新趋势，传统意义上的媒体是通过电视、广播、报刊等单一形式完成的对于信息的传播，而新媒体是在传统媒体的基础上运用数字媒体技术和开发创意完成的对信息的传播加工。

新媒体的形式瞬息万变，随着生活、科技及人们对信息的需求，以不同的形式出现在人们的视野中，如移动电视、数字电影、数字电视、多点触摸媒体、数字杂志等。

因此，新媒体具有即时性、交互性、跨时空性、失真性、传播内容个性化等特点。

1. 即时性

新媒体信息传播的速度非常快，用户通过手机、计算机或其他智能终端能够快速发布信息和及时接收信息，打破了传统媒体定时传播的规律，真正实现了无时间限制和无地域限制的传播。

2. 交互性

新媒体与传统媒体相比具有超强的交互性。传统媒体是单向传播，不管是广播、电视还是报刊都是单向传送信息，媒体处于强势地位，决定着用户接收什么信息，用户很难进行信息反馈，交互性很差。

而在新媒体环境下，信息的传输是双向的，甚至是多向的。每个用户都具有信息交流的控制权，可以选择接收信息，也可以选择关闭客户端或屏蔽信息来源，不再接收信息，用户不再单纯被动地接收信息。

同时，以微博、博客等为代表的新媒体也从根本上改变了用户的角色，用户既可以是信息的接收者，也可以是信息的发送者；既可以是信息的制作者，也可以是信息的传播者。任何人都可以是消息的来源，可以随时对信息进行反馈、评论、补充和互动，能最大限度地发挥用户的参与性和主动性，满足用户掌握话语权的需求，真正实现双向互动信息交流平台。

3. 跨时空性

新媒体利用通信卫星和全球联网的网络传输数据，完全打破了有线网络的限制和地理区域的限制，可以在地球上的任何角落和世界相连。

特别是手机新媒体，其发送信息时间短、接收信息速度快，受制约因素少，几乎不受任何时间和地域的限制，只要在移动互联网络覆盖的地方，在任何时间都可以搜索信息、查阅信息、发布信息，这是广播、电视、报刊等传统媒体无法企及的高度。

4. 失真性

微博、微信、博客、QQ、论坛等作为新媒体的重要信息传播工具，可以为每个用户提供自己的终端。

以手机微博、微信、微视频等新媒体作为传播媒介，用户可以随时随地发布自己的位置、状态、心情和所见所闻；同时由于互联网为人们提供了虚拟的空间，用户可以匿名登录，自由地、不受约束地表达自己的观点，发布消息，传达资讯，就自己关心的话题留言、发帖、评论、投票。在传统媒体上不能说的内容，在新媒体可以轻松实现。

匿名登录虽然可以更好地保护用户隐私，最大限度地实现言论自由，但也导致虚假信息泛滥、通过新媒体传播出来的信息可信度不高等问题出现，信息的真实性遭到质疑。

练一练

由于新媒体的失真性特点，网络谣言具有什么危害？现如今中国有何治理网络谣言的公共政策？

5. 传播内容个性化

新媒体提供的个性化信息服务，令信息的传播者针对不同的受众提供个性化服务。所以，新媒体的时代是一个“受众个性化”的时代，传统媒体中“被动接收信息”的受众转变为主动寻找和制作信息的用户，这是一个基于用户个人建立起来的双向交流的系统。

三、新媒体与传统媒体的区别

1. 传播结构的变化

在传播实体上，新媒体是新型的传播—接收终端；在内容上，新媒体有独特的内容，但也并非完全独立。具体来说，以往在传统媒体上无法传播的消息如今在新媒体上得以传播，但是新媒体无法真正独立，因为新兴的互联网媒体没有采访权。新媒体的出现给传统媒体带来了竞争压力，部分改变了信息生产方式和采编流程，但其尚未成为一种完全独立的信息生产力量，它的运作还有赖于传统媒体。

2. 传播理念的转变

受到新媒体的冲击，传统媒体因为发行周期、制作成本、传播速度等原因，无力与新媒体正面抗争，只得回归内容，立足于深度报道和解读，之后借助新媒体的传播平台，又增加了潜在的受众和粉丝，从而带动了媒体行业的又一波生机。

3. 业务操作上的调整

新媒体对传媒业的影响，基本上可以分成两大方面：一是对所有传统媒介产品“数字化”；二是对不同媒介产品进行融合。

任务二　网络视频媒体

导入案例 4-2

同事小丁找小龙帮她完成一个视频的直播，直播内容是公司的新款服装“小黑裙”的介绍与说明。知道又有新的东西可学，小龙立马就答应下来了。

案例思考

你能帮帮小龙吗？

一、网络视频网站

网络视频是指在互联网上传播，内容形式以 WMV、RM、RMVB、FLV、MOV 等类型为主，可以在线通过 RealPlayer、Windows Media Player、Flash、QuickTime、DivX 等主流播放器播放的文件内容。

网络视频网站是以网站或客户端为媒介，提供视频播放、分享服务的网络平台服务商。网站的视频内容主要由合作媒体提供及用户上传分享。网络视频网站分为以下 4 种类型。

（1）视频分享类：如优酷网、土豆网等。

（2）视频点播与网络电视类：如 PPLive（见图 4-4）、CNTV（中国网络电视台）等。

图 4-4　PPLive

（3）视频搜索类：如百度视频、搜搜视频等。

（4）视频专业类：如网易公开课（见图 4-5）、可汗学院等。

图 4-5　网易公开课

练一练

现在小龙要帮助小丁制作直播的视频——视频内容是公司新款服装“小黑裙”的介绍与说明。如果你是主播，你会如何向大家展示你的搭配方案呢？

二、网络视频的盈利模式

目前，国内网络视频的主要盈利模式有以下 4 种。

1. 增值服务

超出常规服务范围的服务就是增值服务。比如我们所熟知的 QQ 会员、QQ 各种颜色的钻、360 远程计算机维修、优酷和爱奇艺会员等都属于增值服务。

增值服务催生了直播平台独特的“粉丝经济”：用户到直播间观看主播的表演，然后通过充值人民币的方式购买平台的虚拟道具（见图 4-6），再赠送给主播。充值道具产生的经济利润，由主播与平台方进行分成。目前，这种用户直接付费模式是直播平台的主要盈利方式，其本质为“粉丝经济变现”。为了让自己有更多的收益，主播会频繁地诱导粉丝赠送礼物。其他盈利方式可参考图 4-7。

图 4-6　直播平台虚拟道具

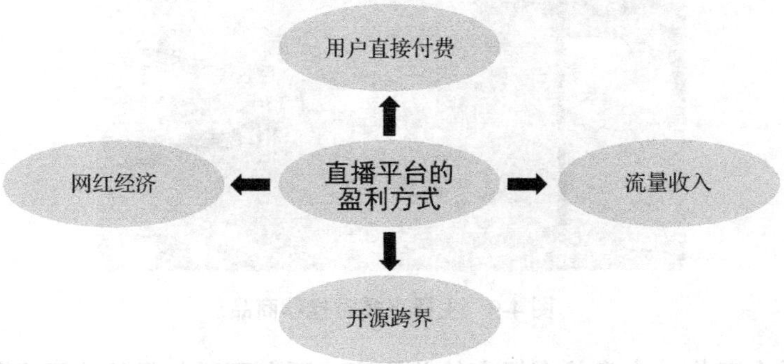

图 4-7　直播平台的盈利方式

2. 代理页游、手游

页游、手游就是网页游戏和手机游戏。现在的主流直播平台几乎都是主打“游戏直播”和“美女直播”。例如“游戏直播”，其观看人群是精准的游戏玩家，这些游戏玩家便是游戏的客户群体，直播平台上到处都是游戏的广告（见图 4-8）。

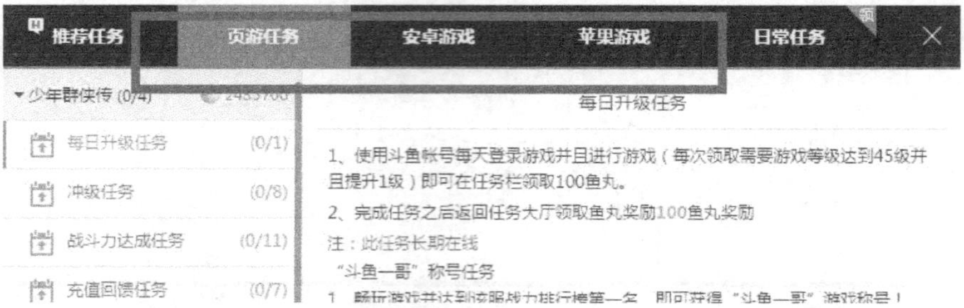

图 4-8 直播平台游戏广告

直播平台大多为页游和手游的代理商，在直播平台上以任务的形式诱导用户去完成相应的页游和手游任务，然后赚取代理费用。这也是直播平台的盈利模式之一。

3. 导购

一般电商直播类产品、竞拍类产品采用该盈利模式。

主播红人有自己的店铺（淘宝店、微店等），或者有店铺需要主播进行营销推广。如图 4-9 所示，主播在直播时，会推荐店铺商品，按用户需要搭配服装，用户直接一键购买或者加入购物车。直播的同时有优惠活动或竞拍。最终主播与直播平台按照既定比例分成。

图 4-9 主播直播时推荐商品

主播作为前台工作，本身就有极高的关注度，平台可以与经纪公司合作或者与品牌签订合约，在主播的广告收入中获得分成，拓宽盈利范围。

案例 4-8

淘宝直播间实录

"现在穿的上衣在 9 号链接，下装是 7 号链接。"在淘宝直播间内，主播们正在试穿秋季新品。

"这一套和 10 号毛衣搭吗""这样搭好乖啊"……在直播间里，主播试穿的一套秋季减龄装格外受欢迎，引来评论区不少买家争先留言，小龙也参与了评论。

"送女朋友的话哪一套比较合适？"小龙在评论区向主播发问，很快便得到了答复，

"我身上穿的这一套就很合适，既减龄又百搭，下装的裙子有 3 个颜色，无论是什么风格都能 hold 住（各种风格都能驾驭）哦。"主播娴熟地介绍自身穿搭，还时不时有条不紊地回答着买家源源不断的提问。

有网友认为，这样将衣服搭配好再展示出来更容易让人产生购买欲望。因为直播中的淘宝主播通常身材较好，上身穿搭也很好看，会给大多数买家一种自己穿上也是如此的预期。

思考

小龙通过参与直播评论与主播实时交流很快得到了答复。下面请你根据自身经历谈谈淘宝直播有什么特点和优势。

课堂随笔

____

____

____

____

4. 页面广告

网络视频广告以丰富的图像、声音、动画等在第一时间吸引用户的注意力，并以丰富的视听感受给用户留下深刻的印象。目前，常用的网络视频广告形式有 5 种，如表 4-2 所示。

表 4-2 5 种常用的网络视频广告形式

形　式	说　明	优势与劣势
插播广告	用户在网上观看一个节目或一段视频之前，将会看到一段广告（前播），或者插播在节目播放中（中播）或节目播放完毕后（后播）。有时候，点击广告会打开新的网站或页面	优势：电视广告主最熟悉的广告形式，为了实现在网络中的插播，不用对广告做很多改变。同时，作为目前的主要视频广告形式，广告主能通过在大量网站中投放前播广告获得客观、全面的广告受众数据。 劣势：广告插播时会使部分没有耐心的受众转移，他们只是想花少许时间看一段简单的视频而已。同时，这样的广告形式也不能很好地发挥用户的互动性

续表

形　式	说　明	优势与劣势
交互广告	在前播、中播或后播广告中同时提供互动元素，如解压代码或证券播报机，或者一段小游戏。如果用户参与，这些广告的时段将会超过插播广告的时间	优势：高度定制化，会使用户对品牌产生很强的印象，相比插播广告，有时能为广告主提供广告受众的更多数据。 劣势：不是所有的视频网站都支持这种广告形式，有时，这种形式也会被受众看成是一种不必要的打扰
覆盖广告	短时间出现在视频顶端或底部的文字或图像广告，类似于常见的电视字幕广告。当用户将鼠标指向或点击广告时，会弹出更大的广告幅面，或者打开新网站	优势：不会打断用户的观看过程，因此被很多网站采用。同时，很多电视观众已经习惯这种广告形式，因此也成为广告主在网站投放广告时常选的模式。 劣势：有些用户将覆盖广告视为一种打扰；也有的用户很难将覆盖广告视为广告，以为它们只是电视节目的一部分
邀请广告	与覆盖广告类似，但是信息会简短地出现在实际视频播放窗口的旁边而不是顶部	优势：不像覆盖广告那样打扰用户，但是仍然会影响到用户，并且在他们最可能点击的时候出现。 劣势：不像覆盖广告那样被网站广泛采用，而且容易被用户忽略
伴随广告	与视频播放窗口同时出现的静止的横幅广告。选择这种广告的通常是赞助商，一般还会投放插播广告或覆盖广告等	优势：伴随广告在视频播放的整个过程中都在给用户传达品牌信息，并邀请他们点击广告，访问广告主网站，或者弹出新窗口。 劣势：不是所有的视频播放窗口都为伴随广告留有广告位，因此仅仅在某些特定的赞助活动中出现

练一练

EC公司所制作的服饰宣传片要投放到视频网站中，所以它属于__________广告。这种广告有什么优势与劣势？

三、网络视频发展展望

网络视频始终是一个竞争激烈、热门消息不断的领域，是一个在技术、内容与营销3个方面创意较多的领域，是企业重组经常发生的领域，同时还是国家相关部门监管的重点领域。

在未来，网络视频领域仍然会继续高速发展，并将拥有更广泛的用户覆盖面。在其发展过程中，高清将成为趋势，正版内容将增多，营销手段将不断出新，重组收购将增多，娱乐产业链将更多地被融入，不同层面的竞争将加剧，同时国家监管力度将继续加强，网络视频网站之间及与版权所有方将在进行版权争夺的同时寻找和解方案。

任务三　网络社区和网络社群

导入案例 4-3

小龙将EC公司的服饰宣传片上传到视频网站上后，经理肯定了小龙的工作。他要求小龙接下来在小红书平台中尝试推荐与分享公司的产品。小红书是社会化的电子商务分享平台，在一个垂直的领域内，有相同兴趣爱好的人聚集在一个社区，相互之间可以推荐、分享、评论商品，而商品的链接来自外部的电子商务网站，社区自身通过展示广告、用户购买后分成取得收入。

案例思考

如果你是小龙，你会如何完成这项工作呢？

一、网络社区

网络社区是指包括BBS/论坛、贴吧、公告栏、群组讨论、在线聊天、交友、个人空间等形式在内的网上交流空间，同一主题的网络社区集合了具有共同兴趣的访问者。网络社区就是社区网络化、信息化，是一个以成熟社区为内容的大型规模性局域网，涉及综合信息服务功能需求，同时就所在的信息平台与电子商务领域进行全面合作。

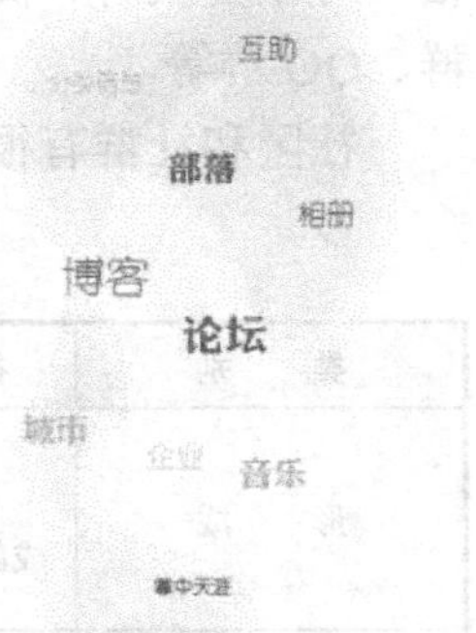

网络社区的主要形式和功能有以下3个。

（1）电子公告板（BBS）：虚拟网络社区的主要形式，大量的信息交流都是通过BBS完成的，会员通过张贴信息或者回复信息达到互相沟通的目的。有些简易的社区甚至只有一个BBS。

（2）聊天室（Chatroom）：在线会员可以实时交流，对某些话题有共同兴趣的网友通常可以利用聊天室进行深入交流。

（3）讨论组（Discussion Group）：如果一组成员需要对某些话题进行交流，通过基于电子邮件的讨论组会觉得非常方便，而且有利于形成大社区中的专业小组。

BBS和聊天室是网络社区的两种主要表现形式，在网络营销中有着独到的应用。网络社区（见图4-10）可以增进和访问者或客户之间的关系，也可能直接促进网上销售。

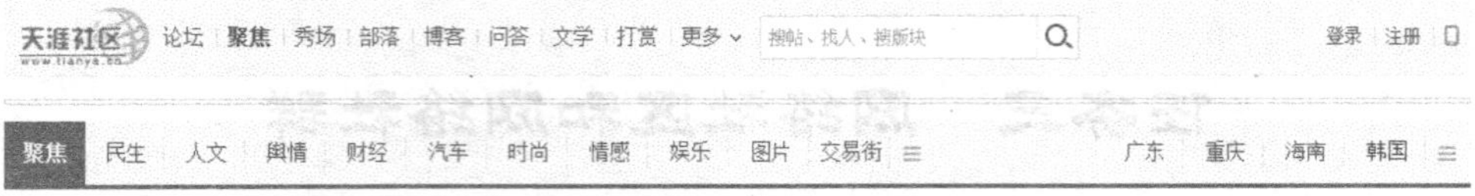

图 4-10　天涯社区

练一练

请你帮助小龙了解小红书，并了解该社区针对的用户人群有哪些，该社区为用户提供了什么功能。

二、网络社群

社群是一群具有相同价值观的人基于共同的主题或目标，形成的一个精神共同体和利益共同体。所以社群的范围可以很小，也可以很大。小是因为它强调成员之间的精神和价值观范围高度凝聚和统一，大是因为认可这个价值观的人群范围可能较大。

社群基本是在移动互联网出现之后，才开始流行起来的概念。

在智能手机开始普及之后，人们发现可以在手机上随时发微博，和最喜爱的明星直接互动。这时候，社群更强调即时性互动和关系的连接，如微信群和微博。相比在论坛上发帖，可以更及时、高效地发言互动，而社群的载体也可以变得更灵活，可以是主流的微信群、QQ 群等。

社区和社群有很多交集，都是人群关系的连接和聚集工具。二者的区别如表 4-3 所示。

表 4-3　社区与社群的区别

类　别		社区	社群
形　成		一群人因为共同文化或喜好，自由持续聚集、形成的一个聚集地。传统的社区以线下小区为主	一般是由群主或一个中心化的领袖有制度、有目标地建立和主导，才形成的一个精神和利益共同体
演变历史	个人计算机时代	天涯社区、猫扑社区、网易社区、西祠胡同、百度贴吧等	QQ 群、兴趣部落、豆瓣兴趣小组
	移动互联网时代	豆瓣、知乎、小红书、抖音等	微信群、罗辑思维、创业黑马、吴晓波频道等
人群属性		以陌生人为主，主要是内容和话题聚集	不分熟人与否，由一群有共同目标和价值观的人群组成，主要是价值观聚集
成员关系连接		弱连接	强连接
目　标		以满足兴趣，参与感为主	以寻找归属感为主

以前的社区基本以陌生人发帖和陌生人围观为主，相比社区，社群更强调关系的进一步连接和互动，关系更亲近，凝聚力更高。

案例 4-9

从网络社区到跨境电子商务——小红书的进化之路

小红书是一个生活方式平台和消费决策入口，创始人为毛文超和瞿芳。在小红书社区，用户通过文字、图片、视频笔记的分享，记录了这个时代年轻人的正能量和美好生活。小红书通过机器学习对海量信息和用户进行精准、高效匹配。小红书旗下设有电子商务业务，2017 年 12 月 24 日，小红书荣获《人民日报》评出的中国消费科技产业的“中国品牌奖”。

2013 年成立的小红书从社区起家，用户在社区里分享海外购物经验，由最开始的美妆、个人护理扩大到了后来的运动、旅游、家居等信息分享，触及消费经验和生活方式的方方面面，源源不断地吸引了大量流量。

为了解决“看得到，买不到”的难题，2014 年小红书推出了自营商城“福利社”，尝试从内容社区向内容电商转型。模式上，先是直营采购境外商品的跨境电子商务模式，随着海淘红利渐微，在 2016 年下半年引入品牌商家，商品品牌也从海外拓展为海外+本土，形成如今的以自营为主、第三方平台为辅的业务模式。

得益于 UGC（用户原创内容）的引流，截至 2019 年 7 月，小红书用户数已超过 3 亿，其中 70%的用户是“90 后”，形成了平台从网络社区到跨境电子商务的商业闭环。

2019 年 7 月，“小红书” App 由于社区内容涉嫌违规遭到下架，2 个多月后才在各大应用商店陆续上架。

思考

小龙了解了小红书的进化之路，接下来他将如何运用小红书打造爆款产品？

课堂随笔

三、网络社区和网络社群的盈利模式

电子商务服务商经常提供网络社区服务。需要说明的是，无论是门户网站还是其他商务网站，或者是有关某一主题的非营利性个人网站，基本上都包括网络社区和网络社群。收益主要来源于以下几个方面。

（1）会员费。有些网站的网络社区和网络社群的收益主要来源于会员费，也有的不收取会员费，用户注册后就可以享受会员待遇。免费注册并享受一些服务是一个宣传策略，当会员达到足够数量的时候，或许会收取注册费用。大多数网络社区主要为用户提供交流场所，辅助其他商务模式的开展，一般短时间内很难将收取会员费作为收费来源。

（2）网站广告费。

（3）内容服务费。网络社区和网络社群通过提供不同的内容服务对用户收费。QQ 社区为了使用户在社区中获得模拟现实的感受，通过发行网络货币 Q 币，提供网络人物形象、装束、场景、网络商品等实行收费服务。游戏娱乐社区通过提供有偿的游戏服务内容向用户收费。如图 4-11 所示为 QQ 社区的一种收费形式。

图 4-11　QQ 社区的提问打赏

（4）交易费。交易费是交易社区的主要盈利模式。对非交易社区而言，以收取交易费作为盈利模式比较困难。

练一练

请你帮助小龙分析小红书的盈利模式。

网络社区和网络社群在电子商务各个领域都已有建树。建立网络社区和网络社群成功的关键就是了解目标市场的需求，并掌握满足这一市场需求的信息特征。

四、网络社区和网络社群在电子商务中的应用

互联网上有成千上万个各种各样的网络社区和网络社群，方便人们用各种方法互动、协作和交易。网络社区和网络社群已广泛应用于电子商务领域，且对其发展的作用越来越大。实施电子商务的企业能否占领并赢得市场，取决于其利用网络社区和网络社群的能力和创新能力。

从 2017 年开始，很多农业基地的水果爆品开始在城市中热销。这批水果的热销渠道不是传统的大超市，也不是传统的电子商务平台，而是分布在很多城市小区里的小区微信群，通过一个个社区合伙人在线上搭建微信群来快速团购和分销。

近几年，很多内容社区纷纷涉足电子商务领域，卖生活用品实物，卖培训课程。以知

识分享和问答为主的知乎，就上线了值乎和各种课程产品；以体育内容聚集和分享为主的虎扑，早在2016年就上线了虎扑识货，主打高性价比的运动鞋类，卖与体育相关的运动鞋；以内容阅读和分发崛起的今日头条都开始踏足电子商务，创始人张一鸣试图把内容社区里的信息流转换成商品流，为此在2018年正式上线了电子商务平台——值点。

练一练

借鉴小红书营销的成功案例，请你帮助小龙分析一下EC公司如果进行社区营销，将对公司发展带来什么影响。

另外，也有不少成功企业间的网络社区，汇聚了众多大大小小的交易伙伴，在网络社区上和企业进行交流。例如，阿里巴巴商友圈（见图4-12），汇聚全国各地、各行业的商友、商圈、商盟，可以帮助卖家找到专业的商友圈子，参与精彩的商圈活动，聚集商业人脉。

图4-12 阿里巴巴商友圈

同时，还有许多网络社区，尤其是社交网络，都在考虑与电子商务结合，不仅作为电子商务的支持平台，而且逐渐演化为社交电子商务平台。

练一练

为了完成经理下达的任务，小龙现在要将EC公司的新款服装分享到小红书。请你上网搜集你喜欢的服饰，并将服饰分享到你的小红书中，同时编辑你的分享评语以提高分享的关注度和收藏量。

五、电子商务与网络社区和网络社群相结合的发展趋势

通过多年持续的运营，沉淀了大量用户后，网络社区和网络社群开始涉足电子商务，通过电子商务来完成变现。相比传统的广告变现，做电子商务离交易更近，发展空间更大。

电子商务与网络社区和网络社群结合，是当下新零售和新消费的主流趋势。

那么，为什么现在的网络社区都开始搭上电子商务这班车呢？同时，为什么已有的电子商务平台会尽可能与网络社区和网络社群结合呢？原因有以下几点。

1. 网络社区和网络社群是流量的集中地

网络社区和网络社群本质上是人群的聚集地，是流量和注意力高度集中的地方。而在电子商务产业的整个环节里，缺的就是流量。有了流量，才会有活跃用户和交易。

近年来流量越来越贵，互联网公司获取新用户的成本居高不下，而网络社区和网络社群生来就是流量的聚集地。这是社区电商能够发展起来的原因。但是，如果社区电商卖的产品风格与社区用户的风格不符合，用户流失也会很快。这就像如果在虎扑社区这样的体育爱好者聚集地强行去卖化妆品，结果可想而知。

2. 网络社区和网络社群对用户的吸引力较强，用户黏性大

无论是小红书、微博、知乎，还是朋友圈、今日头条、抖音，甚至淘宝，本质上，每个有影响力的 App 背后，都是人群的聚集，都可以看成一个网络社区，最终抢占的都是用户有限的注意力。

网络社区的人气越高，价值往往也越大。而以用户聚集和内容生产为主的网络社区和网络社群，具有较强的吸引力和较大的黏性，用户愿意为网络社区和网络社群的产品付出更多的时间和注意力。

3. 网络社区和网络社群对用户具有强连接性

网络社区强调的是话题和内容，而网络社群强调的是价值观，网络社群成员往往因为共同的目标和价值观聚集起来，有更强的连接属性。

因此，本质上来讲，社群电商能得到用户更强的信任感和更大的黏性。如果再结合线下的社区，离用户会更近，更具有真实的信任感。

4. 网络社区和网络社群迎合了新消费模式下年轻用户的习惯

以小红书和抖音为首的内容社区，包括 QQ 看点这样的内容社交社区，都在通过网络社区和网络社群的构建，抢占越来越多追求个性化的年轻用户，尤其是抢占“95 后”和“00 后”。

任务四　网络娱乐

导入案例 4-4

网络娱乐市场需求强烈，经理让小龙了解一下网络娱乐的发展状况，开拓思维，为下一季以游戏为主题的服装推广做好准备。

案例思考

请你帮帮小龙，了解一下网络娱乐的发展状况。

网络娱乐，顾名思义，就是以提供娱乐信息或娱乐服务为主的网络媒体。互联网有 4 个功能：信息渠道、沟通、娱乐和生活助手。网络娱乐把信息渠道与娱乐这两个功能结合起来，有效地体现了互联网的应用价值。

一、网络游戏

1. 网络游戏及其分类

网络游戏是指基于互联网的、可以多人同时参与的计算机游戏。网络游戏是近年来发展迅速，并产生巨大商业效益的互联网应用之一。

追溯历史，网络游戏的发展经历了以下 3 个时期：第一个时期，以 Plato 为平台的免费网络游戏；第二个时期，专业游戏开发商和发行商涉足网络游戏；第三个时期，规模庞大、分工明确的游戏产业市场。

2. 网络游戏的盈利模式

从 2006 年开始，“免费”成为网络游戏的主流，在免费使用的模式下，网络游戏逐渐形成了以网络游戏广告和增值服务为主的盈利模式。

（1）网络游戏广告。网络游戏广告分为以下 3 种类型。

① 游戏内植广告。游戏内植广告是指在游戏中植入的与产品或服务相关的信息，广告信息本身就是游戏的内容，通过反复地展示游戏中的广告信息，加强用户对品牌的认知和记忆。游戏内植广告的植入方式及其特点如表 4-4 所示。

表 4-4 游戏内植广告的植入方式及其特点

植入方式	植入特点
品牌或产品植入	将广告内容作为游戏本身的一部分融于大型游戏之中，也可以将产品（服务）作为游戏中的一个道具
任务定制	通常由专业广告公司和游戏开发商合作，针对某个品类或几个品牌的产品进行游戏开发，往往成本较高
线上和线下互动	这种方式适合与游戏内容相关性极大的产品（服务），如游戏道具、虚拟物品交易；也适合针对玩家的个人服务，如餐饮服务

② 互动游戏广告。一般来讲，互动游戏广告是指广告主向游戏开发商以赞助的形式支付费用而向玩家提供免费的游戏，赞助对象有网络休闲游戏、手机下载游戏等。

③ 电子竞技赞助。电子竞技赞助是指通过赞助电子竞技赛事、选手、组织，将品牌与被赞助对象的形象挂钩，并与玩家进行沟通。

（2）为用户提供增值服务。增值服务包括虚拟物品买卖，点卡、月卡销售，会员费用，周边产品开发等。

案例 4-10

“愤怒的小鸟”周边产品热卖全球

电影《愤怒的小鸟》播出后，周边产品也开始在全球各地大范围上架。

据了解，其周边产品包括乐高、童装、毛绒玩具、手机游戏等。其中有 6 款玩具的设计灵感来自电影《愤怒的小鸟》，上架后反响很好；成人的产品有 AR（增强现实）玩法的手机游戏《Angry Birds Action》；加拿大玩具制造商 Spin Master 基于电影人物和场景推出了一系列高品质毛绒玩具、公仔和玩具套装；孩之宝还推出了颇具收藏价值的愤怒的小鸟版梯子和滑梯；Amscan 也推出了愤怒的小鸟系列派对用品和儿童服装。

思考

通过开发周边产品可以让网络游戏产业在市场上获得怎样的优势呢？

课堂随笔

____

____

____

____

二、网络文学

网络文学是指通过网络平台流传、传播的文学作品。伴随着互联网的普及，网络文学的发展经历从无到有，从弱小到壮大，从计算机端逐步过渡到移动端。从创作内容范围上来说，网络文学几乎包含所有的小说创作题材；而在形式上，网络文学与传统文学既存在区别，又存在联系。

网络文学的特征是连载性和互动性。网络文学具有连载性是因为在网络上发表作品，审核的门槛较低，因此，创作的自由度高，可以一边创作一边发表。网络文学具有互动性是由于互联网的即时性，作者与读者在网上交流使得网络作品的互动性更强一些。网络文学往往分章、分节，在漫长的连载期逐步呈现，逐步完成，读者能够在作品创作的任一时间节点发表自己对作品的看法，提出对后续内容的建议和期许。而这些读者评论，会在不同程度上影响到作品的后续创作。

练一练

网络文学与传统文学的区别是什么？两者之间存在什么联系？

网络文学的作品形式集中表现为爱情小说、英雄传记、神话传说、网络游戏小说等。其中，浪漫爱情是网络文学的重要题材。

网络文学具有通俗化、娱乐化、生活化等特征。

（1）通俗化。网络文学的语言简洁明了，通俗易懂，口语化特征明显。只有在有特殊需要的时候才用华丽的语言，多数都是朴素的语言，让读者在阅读过程中没有阅读障碍。

（2）娱乐化。网络文学多以娱乐为目的，满足读者的需求。读者通过阅读作品获得情感体验，为自己的生活带来乐趣。

（3）生活化。网络文学的内容大都来源于大众生活，经过作者加工创作，赋予作品艺术色彩。

在商品经济和以盈利为目的运作的背景下，网络文学的受众变得大众化，内容趋于平面化，运营则越来越商业化，这几个方面的因素紧密联系，共同促进网络文学的繁荣发展。

随着互联网的发展，网络文学在网络娱乐中发挥着不可替代的作用。然而网络文学有利也有弊，如果资本、传媒与社会能给予正确的引导，网络文学应该能够走上相对规范的道路，成为一种质量更高的文学形式。

练一练

请说出网络文学的利与弊。

随着社会科技的发展，网络文学的发展环境逐步完善。一方面，版权保护力度大，促进网络文学行业健康发展；另一方面，大众对网络文学的认可，提升了网络文学的价值，进而提升了网络文学的盈利能力，盈利方式从早期的用户付费、线下出版，进一步扩展到了游戏、动漫、影视等，如图 4-13 所示。

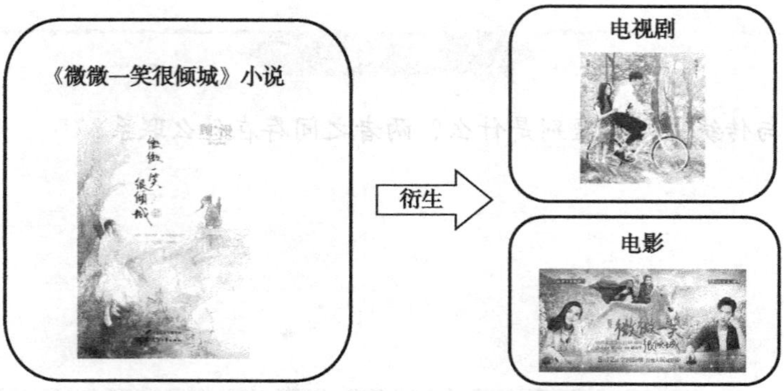

图 4-13 《微微一笑很倾城》小说的衍生品

练一练

在现实生活中不乏网络文学的衍生，你所接触的作品中是否也有相类似的拓展与延伸呢？请简单举例并谈谈你对这一情况的看法。

任务五 网络媒体存在的问题与发展方向

一、网络媒体存在的问题

网络媒体虽然已经融入了人们的生活，也成了人们娱乐和生活的重要组成部分，人们无法忽视它所带来的好处，也能真实感受到它的优点。但毕竟它是成长中的事物，没有什么能逃脱不完美的准则，网络媒体当然也一样。

1. 不良信息泛滥

在网络上人们有着太强的自主性，信息传递迅速且传递量大、内容范围广，不管是有意还是无意，网络上的不良信息，特别是打着娱乐旗号的不良信息充斥，这对于互联网用户特别是青少年用户有着非常不良的影响。

2. 内容真实性面对挑战

我国至今对于网络媒体的新闻转载与使用未进行明确的规定，不少网站在采纳新闻稿件时随意性很大，经常出现某些错误或者不明确的信息混淆视听。而作为娱乐新闻，则更充满了随意性，人们一直以来都被真实性所扰。甚至在同一个网络媒体上，先有假新闻，再大言不惭地出现辟谣新闻。这样的做法尽管增加了点击率，却降低了人们对于网络媒体的信任度。

3. 受众参与度问题

在受众参与度方面，存在两个问题：一是受众参与度仍不够高。在众多论坛等网络媒体中都能发现此类现象，点击率与回帖率相差甚远；二是受众意见混乱。

4. 缺少社会责任感，网络市场不规范

网络是虚拟的，在一定程度上是自由的。但自由并不等于放纵，自由也需要管制。任何舆论空间都有一定的规则，受一定的道德和规范约束，更不要说网络舆论和现实舆论之间已经连接得如此密切了。网络舆论，已经不再是一种虚拟的和无实际杀伤力的产物了，它所担负的责任和所产生的问题都将对社会产生巨大影响。但是，网络市场的不规范也是有目共睹的，网络市场规范法律与政策缺乏且不完善。

案例 4-11

“网络水军”删帖“产业链”

搜索关键词后明明看到文章却打不开，打开文章后发现文不对题……这些蹊跷事的幕后推手就是传说中的“网络水军”。

“网络水军”明码标价，主要通过有偿删帖、恶意发帖等牟取暴利，他们先与客户谈好需要删除多少不利信息、在多少个站点发布多大篇幅的信息等，然后利用掌握的渠道资源进行删除或发布等。

“网络水军”通过多种手段达到删帖的目的。一是彻底删除，这些帖子无法通过关键词搜索到，输入此前的链接也无法再打开网页；二是屏蔽，对搜索引擎快照进行删除，虽然帖子内容仍然存在，但通过关键词搜不出来，直接输入链接才可以打开网页；三是替换，通过技术手段对搜索引擎的部分快照进行更改，使相关帖子的标题和快照内容变成完全无关的内容，降低网民的打开意愿，以此达到类似屏蔽的效果。另外，有些“网络水军”发布委托人的正面帖子，并利用流量点击、频繁转发等手段使这些内容位于前端页面，使相关负面信息“下沉”，降低负面信息的曝光率。

“发帖”是“网络水军”的另一种牟利手段。一些企业为了商业竞争，雇用“网络水军”批量发布竞争对手的负面信息。“水军”则多利用资讯、问答、百科网站或小视频软件等发布、推广负面信息，帮助客户打击竞争对手。

“网络水军”编造、传播虚假信息等行为，造成不利影响和后果的，根据《中华人民共和国民法典》和《最高人民法院关于审理利用信息网络侵害人身权益民事纠纷案件适用法律若干问题的规定》等，需要承担民事责任；通过信息网络有偿提供删除信息服务，或者明知是虚假信息，仍通过信息网络有偿提供发布信息等服务的，可依据《中华人民共和国治安管理处罚法》进行处罚，达到《关于办理利用信息网络实施诽谤等刑事案件适用法律若干问题的解释》规定程度的，根据不同的行为情节和严重程度，可能构成非法经营罪、寻衅滋事罪、敲诈勒索罪和其他刑事犯罪。

思考

想一想，如果某天发现我们深信不疑的信息都是假象，是不是细思极恐呢？为了杜绝成为谣言的传播者，创造洁净的网络媒体环境，我们应该如何做？

课堂随笔

二、网络媒体的发展方向

伴随人工智能、虚拟现实、增强现实等技术的持续进步，新媒体领域呈现出前所未有的巨大变化。面对迭代变迁，必须清楚地认识与把握新媒体的变化趋势与发展特点，才能充分地运用新技术去创新传播方式。

1. 形式从视频化到直播化，直播的监管需加强

在线视频的内容实现了迭代式发展，从早期的电视节目在线收看，到原创视频发布，再到目前流行的网络直播，这种自下而上的互动社交方式帮助普通人实现了话语权的更大解放。然而，视频直播的弊端也很快暴露出来，诸如突发事件现场记录、知识性直播等真正有价值的直播内容仅占少数，大多数直播平台都以生活化、娱乐化内容为主，不可避免地出现了同质化、低俗化、庸俗化、妖魔化倾向。在此背景下，政府明显加大了对直播平台和视频发布的管理力度，以合理引导直播平台在社会建设中发挥正面作用。

2. 内容从移动社交到移动新闻，应重视对用户行为的持续研究

移动互联网的出现带来了信息传授方式的颠覆性变革。如今，不仅信息接收者可以随时随地获取信息，信息发布者也已实现了随时随地上传信息（这里的信息是集合了文字、图像、音/视频的多媒体信息），整个社会已经进入移动传播时代。从初期的移动化社交，发展到移动阅读、移动音/视频，再到移动化新闻资讯，移动媒体技术已经完成了从即时通信工具向新闻发布平台的身份转变，成为人们获取新闻信息的重要来源，所占比例还在持续增加。

3. 用户从年轻化到全年龄段，老年用户的需求受到更多关注

随着移动设备成为人们日常获取新闻的主要手段，中老年人口也开始加入到这股新的媒体使用浪潮之中。研究表明：高达98.5%的老年人认为使用互联网能够帮助其学习知识，80%的老年人认为互联网拓宽了其获取信息的渠道；72.8%的老年人表示，互联网和社交网络能够方便其轻松参与到社会公共生活之中，从而获得他人的认可与群体归属感；59%的老年人认为，手机和社交网络的使用，增加了他们与子女联络的频率。也就是说，新媒体

在工具性、社会参与性、情感性等多个方面赋予了中老年人重构自身生活的机会。

4. 技术从智能化到反思智能化，对“智媒时代”应保持理性期待

随着新技术的爆发式发展与媒体信息的爆炸式增长，“智媒”应运而生，机器写作、个性化推送、传感器新闻等都成为“智媒时代”的重要产物。

智能技术将整个社会带入数据化、关联性、可跟踪的生活氛围，个人隐私被侵犯和泄露就变得更加容易，如何在智能化服务与隐私权保护之间寻找平衡与界限，这不仅仅是开发者需要守住的底线，更是社会治理者必须强化的法律边界。

5. 服务从个性化到多渠道，可靠性始终是优质信息服务的关键指标

个性化信息服务的兴起，也是“智媒时代”的重要标志之一。越来越多的人开始基于个人兴趣来展开信息内容消费行为。这种兴趣导向的用户内容偏好成为算法推荐的重要发展动力，今日头条、天天快报等基于算法推荐的个性化新闻 App 的人均使用时长逐年攀升。

虽然个性化信息推送能够帮助用户在纷繁复杂的多元化信息中快速取舍信息，但是一味地以推送用户感兴趣信息为行动准则而罔顾新闻价值和舆论导向，最终消耗的，只能是用户对媒体的信任。

练习题

一、选择题

1. 新媒体打破了传统媒体定时传播的规律，这体现了新媒体具有（　　）特点。

A. 即时性　　B. 海量性　　C. 全球性　　D. 交互性

2. 下列网站中，属于短视频平台的是（　　）。

A. 抖音　　B. 爱奇艺　　C. 土豆网　　D. 新浪爱问视频搜索

3. 在社交网络中，往往会出现许多网民言辞激烈、言语不雅的情况。下列做法中正确的是（　　）。

A. 把握娱乐尺度，固守新闻底线，加强自律

B. 完善网络管理的法规与制度，维护传播秩序

C. 提升网民的社会道德

D. 注重有创意人才的培养

4. 下列不属于社交平台工具的是（　　）。

A. 微信群　　B. 个人订阅号　　C. 企业微博　　D. 优酷网

二、简答题

1. 请简述什么是新媒体。

2. 网络视频网站可以分为哪几种？

3. 目前对人们生活影响较大的新媒体平台有哪些？分别具有什么特点？

4. 网络媒体的问题有哪些？其发展方向是什么？

三、综合实训题

如果你是一名“剁手党”，那你肯定听说过淘宝直播的惊人战绩：某明星直播 10 分钟就卖出

了 2 万件核桃、4500 件柠檬片、2000 多件面膜和太阳镜等。除了明星之外，一名“村红”也通过淘宝直播在 5 秒钟的时间内卖了 4 万个土鸡蛋。这些数据说明，视频直播销售潜力无限。

设计要求如下。

1．过程要求：学生根据产品特点拟出服装搭配方案；小组讨论后形成方案；组间交流，教师对各小组的初稿进行点评；学生修改初稿，形成定稿。

2．成果要求：帮助小龙针对公司的“小黑裙”服饰完成一个服装搭配方案。

3．其他要求：能利用互联网查找相关资料，顺利进行团队合作；在讨论时能围绕主题清晰表达自己的观点，会倾听他人的想法；能熟练使用计算机办公软件；面对困难时能提出合理的解决方法。

四、项目实操题

1．打开 http://we.taobao.com，申请成为淘宝达人；发送至少两个视频内容，经过淘宝审核之后，才能开通“视频直播”权限。

2．视频直播：根据综合实训题的要求，小组将进行 EC 公司“小黑裙”搭配方案直播。

3．分享各组的直播视频，并在组间进行视频直播的评价。

五、拓展延伸题

爱奇艺徐伟峰：“视频+直播”将成行业标配

热门概念“直播”风头不减，在吸引资本的同时也得到了关联行业对网络视频的关注，正式发布直播品牌的爱奇艺对“视频+直播”这一趋势很笃定。爱奇艺联席总裁徐伟峰认为，网络视频与直播在互动协同、内容制作等方面有天然的契合点，未来，直播功能成为行业标配没有悬念。

网络视频行业的后来者爱奇艺在直播时代也同样谨慎。目前，爱奇艺直播品牌“奇秀”App 正式上线之时已是移动直播的红海时代。

2016 年，爱奇艺创始人兼 CEO 龚宇对媒体承认，爱奇艺进入直播市场较晚，如同多年前爱奇艺筹建时一般。但是他同时坦言，即使目前号称做全民直播的企业已经超过 100 个，市场已经杀得血红，但是爱奇艺在移动互联网领域排名第三的日活跃用户数量让奇秀有后发先至的机会。

虽然直播平台很多，但很多内容同质化、低俗化，所以从内容入手也是突破口。徐伟峰认为：“直播类视频以后最痛苦的事情是很难避免内容同质化的问题，那些看起来低俗化的内容好像是拉流量的特效药，但以后它会成为直播平台的最大负债。”他告诉北京商报记者，直播的方式不会有根本上的区别，直播平台间的差别只是负责主播的人不同，他们的套路却很接近，其实直播平台所制作和播放的东西是可以有区别的。

作为与直播有密切关系的网络视频进入市场的理由很容易理解，徐伟峰认同龚宇对于“直播是各类互联网服务的标准配置”的观点。“我认为视频行业一定要做，不是不做会死，而是整个视频布局中会缺一块。”徐伟峰这样认为。

事实上，直播平台也正在悄然向视频内容方面布局。“我最近听说一些其他竞争对手的平台开始做节目甚至电视剧”，徐伟峰透露，“事实上这是视频网站擅长的事情”。具体到自家平台，爱奇艺会将所有的资源导入直播平台，希望打造出的直播不止是有全部的人参与，而且是所有的时间都可以参与，直播内容包括从台前到幕后，从节目的上线前、准备中到上线后的宣传。这样“点播+直播”的模式将成为行业标配，可以最大限度地开发 IP 价值。

与传统直播单纯以明星、主播为核心的形式不同，奇秀将追求“追星”与“造星”并重，打出这样的定位与爱奇艺的资源有关。

尽管视频与直播的结合被认为是未来的必然趋势，但是就目前现状来看，直播内容的质量仍有不小的短板需要弥补。对此，徐伟峰直言：“直播类的互动节目内容还需要打磨和打造，不能总是主播出来喊喊麦，跟网友互动交流一下就会变成网红或明星。明星是有门槛的。”

直播更重要的意义在于可以改变互联网视频作品形态。龚宇认为，之前的互联网视频是把传统内容平移到互联网上，但并没有使内容形态产生质变，而从 2015 年下半年开始，移动视频的直播和虚拟现实技术的诞生和成熟，让业界看到了机会。徐伟峰则称，爱奇艺做直播就是想要在传统内容上做补充。

思考：

1．请对比视频和直播的异同，尤其是从引流方面进行讨论。

2．分组讨论直播的发展前景。

项目五

移动商务

技能目标

能熟练下载 App 并应用

能制作简易 App

知识目标

掌握移动商务的内涵，熟悉移动商务的应用

掌握移动商务所用的定位服务和支付方式

素质目标

培养学生的组织分工与团队合作能力

培养学生的讨论与口头表达能力

培养学生的营销与策划能力

建议课时数

8

任务一 移动商务的发展基础

导入案例 5-1

生活节奏的加快，学习、生活压力的增大，使得人们的可支配时间越来越少。天气炎热，小龙不愿意顶着烈日到餐厅就餐，而且最近公司要赶项目，所以，外卖也就顺理成章地成了解决这个问题的关键。可是哪家好吃，有什么菜品，小龙都不知道。于是小龙打开“饿了么”App（见图 5-1），马上通过定位找到附近商家，找到餐厅后就可以看到很多菜品了，选购后需要核对信息，然后确认付费，骑手 10 分钟到达并电话联系小龙。

马上下班了，小龙打算相约好朋友小美丽去看电影。哪个电影院有刚好下班就播放的场次呢？于是小龙打开了“大众点评”App，查看附近电影院的电影播放场次，并购买了电影票，同时完成了在网上选座位和支付的所有操作。另外，看电影需要一点零食，刚好公司附近有一家盒马鲜生的门店，小龙打开“盒马鲜生”App（见图 5-2），在上面选好了零食，而且惊喜地发现，盒马鲜生的配送是免费的，下了订单后，完成支付，20 分钟后就收到了零食。

图 5-1 “饿了么”App

图 5-2 “盒马鲜生”App

小龙感觉幸福满满，一天下来，工作、生活两不误。精准的地理定位和他人的消费点评方便自己选购合适的商品和服务，避免了很多消费陷阱。同时，大众对店铺的评分能激励商家努力改善自身的商品和服务，使得商家和消费者处于一个更和谐、平衡的状态。

小龙通过这一次点外卖和购物感受到移动商务的魅力，平台把各个商家联合起来，再通过精准的地理定位，让消费者做出最优的选择。

案例思考

想必你用过许多生活类 App 吧，如点外卖、打车、买电影票、购物、生活分享、生活娱乐等 App，你通常使用哪方面的功能？另外，你觉得这些 App 增加一些什么样的功能更完美呢？请填写在表 5-1 中。同类型 App 有哪些异同呢？请填写在表 5-2 中。

表 5-1　App 功能分析

App 名称	App 的基本功能	你常用的功能	你觉得可以加的新功能

表 5-2　同类型 App 异同表

App 名称	特　点	优　点	异　同

一、移动商务的应用背景

我国互联网基础设施建设不断优化升级，网络扶贫成为精准扶贫的工作途径，提速降费政策稳步实施，推动移动互联网接入流量显著增长，网络信息服务朝着扩大网络覆盖范围、提升速度、降低费用的方向发展。交通、环保、金融、医疗、家电等行业与互联网融合的程度加深，互联网服务呈现智慧化和精细化特点。随着移动通信网络环境的不断完善及智能手机的进一步普及，移动互联网应用向用户的各类生活需求深入渗透，促进手机上网率增长。移动商务类应用得到迅速发展，互联网应用向提升体验、贴近经济方向靠拢。移动互联网对个人生活方式的影响进一步深化，从基本的信息获取和沟通、娱乐服务，发展到与交通、医疗、教育、金融等公共服务深度融合的民生服务。移动互联网塑造的社会生活形态进一步加强，“互联网+”行动计划推动政企服务以多元化、移动化趋势发展。

在智能手机时代，以小米、魅族、乐视等为代表的新兴互联网手机公司的出现，以及华为等传统企业的成功转型，促成了国内手机企业的新老交替。越来越多的新功能和新配置也在进一步凸显着智能手机的价值。同时，平民的价格，大众化的消费，使得人人都可以拥有这样一部功能齐全的手机。

案例

得益于 2008 年奥运会的召开，人们在赛事期间能尽情享受 3G（第三代移动通信技术）网络带来的无线畅游体验，在线观看比赛实况、与他人快速分享精彩流媒体文件、轻松进行多方可视通话、运行精美游戏、随时收发电子邮件等应用都得以实现。

2013 年 12 月 18 日，中国移动在广州宣布，将建成全球最大的 4G 网络。2013 年底前，北京、上海、广州、深圳等 16 个城市可享受 4G（第四代移动通信技术）服务，与 3G 相比，4G 具有通信速度快、网络频谱宽、智能性好、兼容性高的特点，因而得到了全面发展。2015 年初，中国联通与中国电信获得 4G 牌照后，开始追赶中国移动。除了运营商提供的 3G、4G 网络以外，很多大型商场和地方政府都推动了免费无线上网服务，使得网络无处不在，上网变得更轻松、便捷。

2019 年 6 月 6 日，工信部向中国电信、中国移动、中国联通、中国广电发放 5G 商用牌照。5G 网络的主要目标是让终端用户始终处于联网状态。5G 网络将来支持的设备远远不止智能手机，它还要支持智能手表、健身腕带、智能家庭设备（如鸟巢式室内恒温器）等。5G 网络将是 4G 网络的真正升级版，它的基本要求并不同于无线网络。

总体来讲，移动通信技术的发展历程如表 5-3 所示。

表 5-3　移动通信技术的发展历程

发展阶段	1G	2G	3G	4G	5G
增加的主要应用	语音	短信	互联网接入	视频	超高清视频 智能家居 智能驾驶 增强现实/虚拟现实应用

思考

移动商务的发展需要有完备的生态环境才可以进行，谈谈你对移动商务发展的看法，并帮助小龙针对公司发展移动商务做一个 SWOT 分析（基于企业内外部环境和竞争条件下的态势分析）。5G 时代的来临，能否使 EC 公司在业务上有所调整或者优化呢？

课堂随笔

二、移动商务的定义

移动商务是指通过移动通信网络进行数据传输，并且利用移动信息终端参与各种商业经营活动的一种电子商务模式，它是新技术条件与新市场环境下的电子商务形态。移动商务又称移动办公，是一种利用手机实现企业办公信息化的全新方式。移动商务的经营模式是业务操作可以通过 App 或者第三方平台，让众多客户通过移动设备就可以进行业务操作。如图 5-3 所示为移动商务的经营模式、盈利模式和服务模式。

移动商务是移动通信、计算机与互联网三者融合的信息化成果。移动商务是商务活动参与主体可以在任何时间、任何地点实时获取和采集商业信息的一类电子商务模式，以应用移动通信技术和使用移动终端进行信息交互为特性。由于移动通信的实时性，移动商务的用户可以通过移动通信在第一时间准确地与其他用户进行沟通，与商务信息数据中心进行交互，摆脱固定的设备和网络环境的束缚，最大限度地驰骋于自由的商务空间。

移动商务的技术支撑一般由应用平台、网络基础设施和终端来完成。

例如，聚美优品本质上是一家垂直行业的 B2C 网站，它采取的是团购形式的女性化妆品营销服务形式。在移动互联网风暴来袭的时代，很多化妆品电商利用手机 App 与消费者进行线上和线下互动。从 2012 年开始，聚美优品进行了大胆的尝试，开发了手机 App，为消费者提供了移动购物的全渠道。2016 年 1 月 27 日，聚美优品宣布进军影视文化，打造“时尚娱乐+电商”的新模式，图 5-4 所示为聚美优品移动端界面。与常规团购平台相比，聚美优品最大的特点是其信息发布客户是自己，即自建渠道、仓储和物流来销售化妆品，同时，为了增加用户的黏性，聚美优品创建社区，方便用户之间进行分享和交流。

聚美

梦想生活上聚美

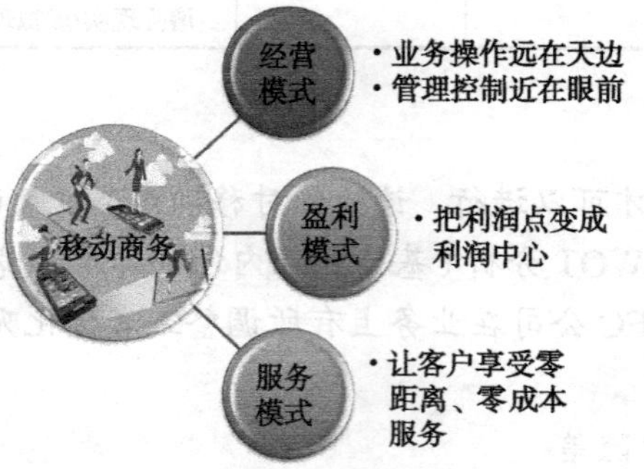

图 5-3 移动商务的经营模式、盈利模式和服务模式

图 5-4 聚美优品移动端界面

三、移动商务的特点

基于无线通信技术的发展，网络通信能力的日益强大，移动终端功能的多样化、个性化，人们不仅可以在移动状态下处理有关事务，商家可以根据用户所在的位置提供服务，也能够基于手机实名制，和客户与手机号码之间建立一对一的关系，实现精准服务，从而提高成交率。

与传统的商务活动相比，移动商务具有以下几个特点。

1. 更具开放性、包容性

因为接入方式无线化，进入移动商务的介质可以是智能手机、平板电脑、各类穿戴工具等，使得任何人都更容易进入网络世界，从而使网络范围更广阔、更开放，同时使网络虚拟功能更带有现实性，因而更具有包容性。

2. 无处不在、可随时随地操作

移动商务的最大特点是“自由”和“个性化”。传统电子商务已经使人们感受到了网络所带来的便利和快乐，但它的局限在于必须有线接入，而移动商务则可以弥补传统电子商务的这种缺陷，让人们随时随地结账、订票或者购物。移动支付的兴起，使得手机如同钱包，能随时随地发生资金交易。比如远程支付方式下，人们能通过网购平台购买商品，通过发出支付指令或借助支付工具进行资金支付；又如近场支付，人们购买小额商品（如早餐、公交车票等）时，手机通过射频、红外、蓝牙等通道，能实现近距离的资金支付。移动商务已渗透到生活的方方面面。如图 5-5 所示为支付宝和微信的移动支付界面。

（a）支付宝　　　　（b）微信

图 5-5　支付宝和微信的移动支付界面

3. 潜在用户规模大

从计算机和移动电话的普及程度来看，移动电话远远超过了计算机。而从消费用户群体来看，手机用户中基本包含了消费能力强的中高端用户。由此不难看出，不论在用户规模上，还是在用户消费能力上，以移动电话为载体的移动商务都优于传统的电子商务。第 45 次《中国互联网络发展状况统计报告》显示，截至 2020 年 3 月，我国网民规模为 9.04 亿人，较 2018 年底新增网民 7508 万人，互联网普及率达 64.5%，较 2018 年底提升 4.9 个百分点。其中，我国手机网民规模达 8.97 亿人，较 2018 年底新增手机网民 7992 万人；网民中使用手机上网的比例由 2018 年底的 98.6%提升至 99.3%。

4. 能较好地确认用户身份

对于传统的电子商务而言，用户的消费信用问题一直是影响其发展的一大问题，而移动商务在这方面显然拥有一定的优势。这是因为手机号码具有唯一性，手机 SIM 卡上存储的用户信息可以确定一个用户的身份，而随着手机实名制的推行，这种身份确认越来越容易。对于移动商务而言，这就有了信用认证的基础。

5. 易提供定制化服务

由于移动电话具有比计算机更高的可连通性与可定位性，因此移动商务的生产者可以更好地发挥主动性，为不同客户提供定制化的服务。例如，开展依赖于包含大量活跃客户和潜在客户信息的数据库的个性化短信息服务活动，以及利用无线服务提供商提供的用户统计信息和基于移动用户位置的信息，商家可以通过个性化的短信息服务活动进行有针对性的广告宣传，从而满足客户的需求。

6. 易于推广使用

移动通信所具有的灵活、便捷的特点，决定了移动商务更适合大众化的个人消费领域，如图 5-6 所示。比如，自动支付系统应用于自动售货机、停车场计时器等；半自动支付系统应用于商店的收银柜机、出租车计费器等；日常费用收缴系统应用于水、电、煤气等费用的收缴等；移动互联网接入支付系统应用于商家的 WAP（无线应用协议）站点等。

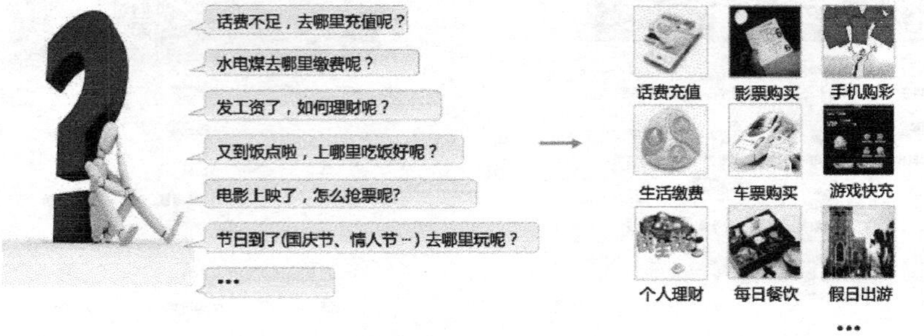

图 5-6　移动商务的应用

7. 易于技术创新

移动商务领域因涉及 IT、无线通信、无线接入、软件等技术，并且商务方式更加多元化、复杂化，因而在此领域很容易产生新的技术。随着 5G 网络的兴起与应用，这些新兴技术将转化成更好的产品或服务。所以移动商务领域将是下一个技术创新的高产地带。

任务二　定位服务

导入案例 5-2

又到周末了，小龙难得休息，好想领略一下广州这座城市的风光，可是，翻了一圈手机号码，发现身边的朋友都是各奔东西，留在广州打拼的只有自己一个人。小龙最爱打乒乓球，于是打开手机 QQ 中附近的群，加入打乒乓球群，并约好了下午到天河体育中心一起打球。打球时，和另一个人聊熟了，才发现原来他是对门的邻居，以后可以一起去逛街、吃饭、聊天，于是他们渐渐成了好哥们儿。

案例思考

打开你的手机，看看你有没有常用 App 是通过地理位置定位提供服务的。如果有，请把它们罗列出来，填在表 5-4 中，越多越好啊！

表 5-4　基于地理位置定位 App 的统计表

写了那么多，你能总结出地理位置定位给你带来了哪些便利吗？

一、LBS

1. LBS 的定义

LBS 即移动位置服务（Location Based Service），它是通过运营商的网络（如 GSM 网、CDMA 网）获取移动终端用户的位置信息（经纬度坐标），在电子地图平台的支持下，为用户提供相应服务的一种增值业务。

朋友聚会时，可能聚会地点你并未去过，也不知道行走的路线，更为不幸的是那栋大楼的内部路线如迷宫般错综复杂！过去，遇到这样的事情，你或许抓狂不已，或者和对方进行多次电话沟通后仍很无奈，而现在，你只需要通过即时沟通软件，让朋友发给你一个定位，便很容易找到。

发送的定位就是 LBS 的一个基本应用，因此 LBS 也就无可辩驳地成为飞速发展的互联网环境下的标配。

2. LBS 的特点

（1）覆盖率高。对于定位服务，用户一方面要求覆盖的范围足够大，另一方面要求覆盖的范围包括室内。用户大部分时间是在室内使用该功能，因此，从高层建筑到地下设施，LBS 必须保证覆盖到每个角落。根据覆盖率的范围，LBS 可以分为整个本地网络、覆盖部分本地网和漫游网络 3 种服务类型。除了考虑覆盖率外，网络结构和动态变化的环境因素也可能使运营商无法保证在本地网络或漫游网络中使用该服务。

（2）定位精度可调。手机定位应该根据用户服务需求的不同提供不同的精度服务，并可以提供给用户选择精度的权利。定位精度一方面与采用的定位技术有关，另一方面取决于提供业务的外部环境，包括无线电传播环境、基站的密度和地理位置、定位所用设备等。

3. LBS 的应用

LBS 所提供的服务较为单一，收费却不低。一般来讲，LBS 提供以下 4 类服务。

（1）手机位置的定位。LBS 可提供手机持有者的具体位置。这种服务涉及个人隐私。例如，“大众点评”App 的位置信息查询功能可以分为“附近”和“地图”两类，用户打开“大众点评”App 后，会自动切换至用户所在的城市，并自动定位用户位置，用户可以主动根据不同的距离和类别进行选择，根据用户的选择推荐附近的项目（如美食、小吃快餐、休闲娱乐等）。

（2）服务场所的显示。通过手机定位，可以查找附近的各类服务场所（如酒店、餐厅及其他特殊场所等），满足用户的需求。这类服务涉及数据点的采集和更新问题。

（3）路线导航服务。通过手机定位，可以显示出从 A 地至 B 地的最佳路线。比如，要去一个不熟悉的餐厅，可以通过定位服务导航至目的地。

（4）特殊定位服务。运营商制作了一些有特色的、小型化的定位终端，放在小孩、老人的身上，当他们超出规定的地理范围时，就会向监护人发出警告，提醒监护人引起注意。

二、GPS

1. GPS 的定义

GPS 即全球定位系统（Global Positioning System）。这是一个由覆盖全球的 24 颗卫星组成的卫星系统。这个系统可以保证在任意时刻、地球上任意一点同时观测到 4 颗卫星，以保证卫星可以采集到该观测点的经纬度和高度，以便实现导航、定位、授时等功能。这项技术可以用来引导飞机、船舶、车辆及个人安全、准确地沿着选定的路线准时到达目的地。

GPS 是 20 世纪 70 年代由美国陆、海、空三军联合研制的新一代空间卫星导航定位系统，主要目的是为陆、海、空三大领域提供实时、全天候和全球性的导航服务，并用于情报收集、核爆监测、应急通信等一些军事活动。经过 20 余年的研究实验，耗资 300 亿美元，到 1994 年 3 月，全球覆盖率高达 98%的 24 颗 GPS 卫星已布设完成。

GPS 由 3 个部分组成：空间部分——GPS 星座；地面控制部分——地面监控系统；用户设备部分——GPS 信号接收机。

2. GPS 的特点

GPS 的问世标志着电子导航技术发展到了一个更加辉煌的时代。与其他导航系统相比，GPS 具有以下特点。

（1）全球地面连续覆盖。

（2）功能多，精度高。

（3）实时定位速度快。

（4）抗干扰性能好、保密性强。

3. GPS 的应用

移动商务的主要应用领域之一是基于位置的业务，如能够向旅游者和外出办公的公司员工提供当地新闻、天气、旅馆等信息。这项技术将会为本地旅游业、零售业、娱乐业和餐饮业的发展带来巨大商机。目前主要有两种移动定位方式，一种是 GPS 定位，另一种是网络定位。GPS 定位就是把 GPS 组合到手机内提供定位服务，但由于跟踪装置的天线和发送设备价格昂贵，耗电量大，手机加重，同时手机与 GPS 的无线连接会受到地理位置、周边环境乃至天气的影响，使得通过手机与 GPS 连接的实际应用效果受到了一定影响。

“酷米客”“巴士通”“8848 公交”等便是面向智能手机用户的交通信息类 GPS 应用。

练一练

LBS 和 GPS 都能为移动商务的发展推波助澜，看起来，它们的功能相似。通过上面的学习，请你分辨它们的异同，填写于表 5-5 中。

表 5-5 LBS 与 GPS 的异同

定位服务	优　点	缺　点	应用案例
LBS			
GPS			

任务三 移动设备

导入案例 5-3

小龙在 EC 公司工作有一段时间了，用的手机还是读大学时表姐送的二手手机。现在上班了，拿到了实习工资，工作表现也得到了各部门经理的认可，想犒劳一下自己。于是，他对智能手机市场做了一下调研。

2007 年，第一代 iPhone 发布，2008 年 7 月 11 日，苹果公司推出 iPhone 3G，从此智能手机的发展开启了新的时代。2012 年前三季度，全球智能手机用户总数突破 10 亿大关。而 2011 年前三季度的用户数只有约 7 亿。然而仅仅数十年之后，艾媒数据中心预测，仅中国的智能手机用户数量就将在 2021 年突破 8 亿。

从广义上说，智能手机除了具备手机的通话功能外还具备了 PDA（掌上电脑）的大部分功能，特别是具备个人信息管理及基于无线数据通信的浏览器、GPS 和电子邮件功能。智能手机为用户提供了足够的屏幕尺寸和带宽，既方便随身携带，又为软件运行和内容服务提供了广阔的舞台，很多增值业务可以就此展开，如股票、新闻、天气、交通、商品、应用程序下载、音乐/图片下载等。结合 5G 通信网络，智能手机势必成为一种功能强大，融通话、短信、网络接入、影视娱乐为一体的综合性个人手持终端设备。

通过对智能手机的大致了解，小龙结合自己的预算，打算买一部新手机，手机主要用于工作，预算为 1500～2500 元。

案例思考

结合小龙的情况，请你为他推荐几款合适的智能手机。通过网络搜索，把你想推荐的智能手机记录在表 5-6 中。

表 5-6　智能手机推荐表

手机品牌及型号	价　格	配　置	推 荐 理 由

一、智能手机

移动商务终究需要依托移动通信终端来完成。移动通信终端就是能接收移动通信服务的机器，是移动通信系统的重要组成部分。用户可以通过移动通信终端接触移动通信系统，使所有移动通信业务得以开展。

在“互联网+制造”中，移动通信终端的方便、快捷、简单，正成为一种新的生产方式，影响着工业生产方式。如德国专家所言，人们正致力于“把现在的手持设备操作的简单性尽可能多地转移到工业开发和生产的过程及产品上去”。将计算机端网页进行优化并适配到移动端成为成本较低、实施快捷的移动互联网营销方式之一。

而智能手机作为移动商务最重要的工具，具备无处不在、精准定位、时间灵敏、即时连接、个性化等特点。这样强大的商业基因，正是移动商务开展的重要基础。

1. 智能手机对移动商务的意义

移动商务具有服务对象的移动性、服务要求的即时性、服务终端的私人性、服务方式的方便性等特点。为此，从基础的娱乐沟通、信息查询，到商务交易、网络金融，再到教育、医疗、交通等公共服务，许多新的需求被创造出来。

手机不仅在形式上是贴身（贴在用户身上）的，更主要的是由此发展起来的服务比传统服务更加贴心。社交应用借助大数据及移动社交技术，大大提升了用户黏性。移动支付、LBS、通讯录等功能用于促进用户沟通、分享、服务、娱乐，满足用户在不同场景下的需求。

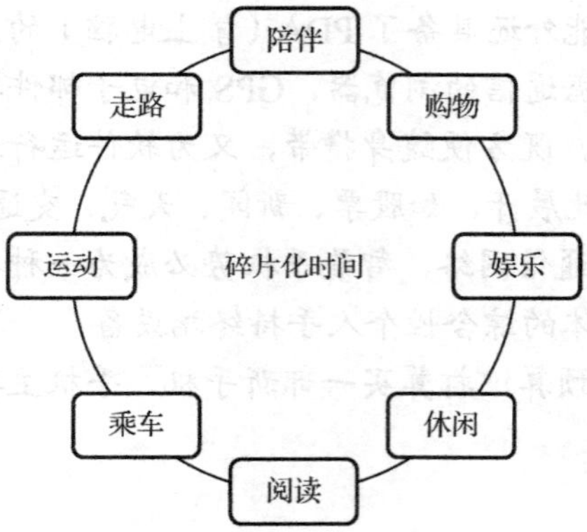

图 5-7　碎片化时间能做的事

2. 智能手机的使用场景

智能手机在使用时间和使用场景方面更加碎片化（见图 5-7），不固定。而使用计算机基本就是在家里和办公室，偶尔去咖啡厅等，场景都比较固定，而且时间也是相对比较集中和固定的。但是智能手机就不一样了，在任何地方、任何时间都可以使用，如地铁上、被窝里、厕所、等红绿灯时，不但便捷，而且随时、随地、随身。因此，开发智能手机时就要考虑人们玩手机的场景不同，比如晚上在被窝里看小说，就可以调至夜晚模式；白天在太阳底下玩手机，又可以提升亮度等。

3. 智能手机的主要特点

(1)具备无线接入互联网的能力。智能手机只要支持 GSM 网络下的 GPRS 或者 CDMA 网络的 CDMA1X 或 3G（WCDMA、CDMA-2000、TD-CDMA）、4G（HSPA+、FDD-LTE、TDD-LTE）、5G 网络，便具备无线接入互联网的能力。

(2) 具有 PDA 的功能，如 PIM（个人信息管理）、日程记事、任务安排、多媒体应用、网页浏览等。

(3) 有开放性操作系统，拥有独立的 CPU 和内存，可以安装较多的应用程序，使智能手机的功能可以得到无限扩展。

(4) 人性化，可以根据个人需要扩展机器功能，进行软件升级时智能识别软件兼容性。

(5) 功能强大且扩展性能强，第三方软件多。

(6) 运行速度快。随着半导体业的发展，CPU 发展迅速，使智能手机的运行速度越来越快。

4. 开展移动商务与传统电子商务所使用的客户端设备对比

基于移动商务与传统电子商务业务模式和服务方式的差异，开展两项业务的客户端设备也有所不同，如表 5-7 所示。

表 5-7 开展移动商务与传统电子商务所使用的客户端设备对比

类 别	传统电子商务	移动商务
设备类型	计算机	各种手持设备
界面	大屏幕、大键盘，声音、视频通信	小屏幕、小键盘
处理能力	先进的 CPU，大容量内存和硬盘	有限的处理能力及存储空间，有限的电源容量
移动性	固定位置，不便移动	可移动
地理定位	难以定位	可以定位
设备识别	不能识别	容易识别
个人识别	无	可以通过生物信息技术识别

二、移动支付设备

1. 移动支付情况

移动支付是指消费者、商家和金融机构之间借助移动支付手段把支付信息通过信息网络安全地传送到银行或其他金融机构。2019 年，我国第三方移动支付交易规模达到 226.1 万亿元。伴随着用户移动支付习惯的建立，以及移动支付场景覆盖率的不断提高，我国移动支付市场已经结束快速增长阶段，逐渐转向稳步增长阶段。

2019 年第四季度的数据显示（见图 5-8），中国第三方移动支付市场依然保持市场份额比较集中的情况，第一梯队的支付宝、财付通分别占 55.1%和 38.9%的市场份额，第二梯队的支付企业在各自的细分领域发力。其中，壹钱包交易规模居行业第三，客户端服务在年终理财、购物年货节、平安财神节等重大营销活动的推动下保持交易规模的持续增长，在企业端市场，壹钱包持续加深与金融、电子商务、航空旅行等行业客户的深度合作，并加速在线下的场景服务上布局；京东支付依托其较强的产品创新能力及用户运营能力，一方面在京东集团内部的交易支付占比逐步提升，另一方面，京东支付大力拓展外部场景，在公共交通及线下零售领域取得快速增长，交易规模排名第四；联动优势受益于平台化、智能化、链条化、国际化战略，推出面向行业的支付+供应链金融综合服务，促进交易规模平稳发展；另外，快钱在万达场景如购物中心、院线、文化旅游等场景快速扩展；易宝加大营销力度，在互联网金融、航空旅行领域持续发力；苏宁支付致力于 O2O 化发展，为 C 端消费者、B 端商户提供便捷、安全的覆盖线上和线下的全场景支付服务。

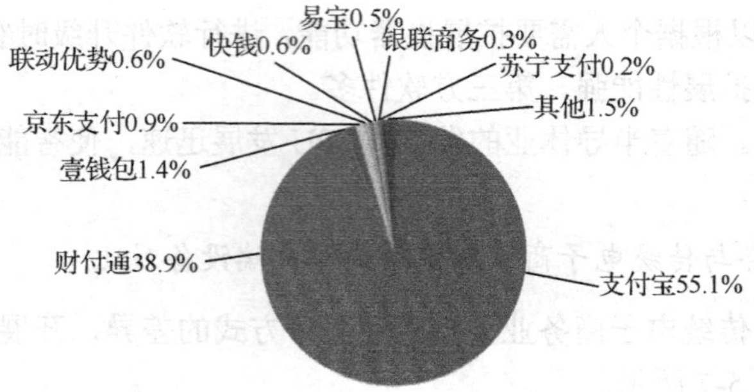

图 5-8　2019 年第四季度中国第三方移动支付交易规模市场份额

消费者越来越习惯依赖电子支付设备进行交易，促使电子支付设备的需求持续增长。支付产业全面升级正在带动智能 POS 机（销售终端）的快速发展，电子支付设备市场前景广阔。

2. 移动支付设备的种类

目前，市面常见的移动支付设备主要有以下几类。

（1）扫码终端。零售业商品种类多且复杂，员工每日都要借助扫码终端扫描大量条码来查询或修改价格，以及进行盘点、导购、收银等工作。零售业女性员工较多，对手持扫码终端的外观、轻便性有较高要求。另外，Wi-Fi 的快速、稳定也很重要，数据交互及时才能提高工作效率，有效提升消费者体验。手持扫码终端可以完全满足这些要求，因此是零售业不可或缺的工具。

（2）刷脸支付终端。刷脸支付终端适用于餐饮与百货类，且面积在 80 平方米以上、具有指定收银台或收银区域的商户。由于消费者刷脸支付的习惯还没有建立起来，所以短时间内刷脸支付主要集中在一二线消费能力强的城市。刷脸支付终端分为两种：一是类似扫码枪的即插即用式终端，二是嵌入商户收银系统的自助终端。配合刷脸支付，支付厂商推出三大类产品：一是挂式刷脸设备，二是自助收银机刷脸设备，三是台式刷脸设备。图 5-9 所示为支付宝的刷脸支付终端。

图 5-9　支付宝的刷脸支付终端

对于移动电商来说，移动支付是一种较传统的支付方式更为方便的交易模式，如果将移动支付比喻成人们的钱包，那么智能手机就是该钱包的载体，因为智能手机可以让人们享受各种支付方式、积分、奖励等服务，就像现实中的钱包一样，将人们的金钱和银行卡“揣”入其中。

（3）ETC。ETC（Electronic Toll Collection）是不停车电子收费系统，又称自动道路缴费系统，是一种专门用于收费道路的道路收费方式，通常见于高速公路、施行收费政策的桥梁或隧道及市中心部分路段，用以缓解城市交通的拥堵状况。

通过安装在车辆挡风玻璃上的车载电子标签与在收费站ETC车道上的微波天线之间进行的专用短程通信，利用计算机联网技术与银行进行后台结算处理，从而达到车辆通过收费站时无须停车就能交纳高速公路或桥梁费用的目的。

在当前开放的消费市场环境中，多元化的消费场景及支付通道正处于有序布局中，并由此为第三方支付平台的全面发展创造有利条件。在第三方支付平台发展过程中，智能化、信息化、科技化等特点显著，海量消费者的消费习惯也在潜移默化地实现了转变。

任务四　移动设备的操作系统和 App

一、操作系统

操作系统是对计算机系统内各种硬件和软件资源进行控制和管理、有效组织程序运行的系统软件，是用户与计算机的接口。现在的智能手机也应用了操作系统，常见的有Android、iOS 和 Windows Mobile。其中 Android 和 iOS 操作系统为现在的主流。

1. Android

Android 是谷歌于 2007 年 11 月发布的基于 Linux 平台的开源手机操作系统，该平台由操作系统、中间件、用户界面和应用软件组成。中国移动、中国联通、中兴、华为、联想等大企业纷纷使用了 Android，而且由于 Android 是开放的，服务是免费的，所以使用 Android 手机的人也越来越多。

2. iOS

iPhone OS 或 OS X iPhone 是由苹果公司为 iPhone 开发的操作系统，主要供 iPhone 和 iPod Touch 使用，2010 年 6 月在 WWDC 大会（苹果全球开发者大会）上宣布改名为 iOS。iOS 的系统架构分为 4 个层次：核心操作系统层、核心服务层、媒体层和可轻触层。系统横跨苹果公司的各系产品，包括 iPhone、iPod Touch 和 iPad，成为苹果公司最强的操作系统，给用户提供了极佳的使用体验。

二、App

（一）App 的概念

App 是英文 Application 的简称，指第三方智能手机的应用程序。正是智能手机和移动互联网的迅速普及和发展，带来了 App 的繁荣发展。App 作为移动设备功能的扩展，开始受到越来越多用户的关注，甚至有将移动互联网 App 化的趋势。而 App 在一定程度上将碎片化的信息和时间高效整合，忽略了空间地域的差异和阻隔，具有便携性、实时性、定制性、定向性的特征，使受众与媒体在接近零成本的互动中实现信息的传播。只有在 App 的各个设计环节中融入用户体验，使产品能够满足用户各种层次的需求，并打破 App 的同质化竞争，拓展并契合用户个性化的心理需求，满足 App 的长期发展，才能使其具有市场竞争力，也是其可以流行的基础。

练一练

现在来做一个统计。在你的手机里，系统默认的 App 有几个？请将它们的功能分别填入表 5-8 中。

表 5-8　系统默认 App 调查表

App 名称	功　能	App 名称	功　能

除了以上默认的 App，你自主下载了哪些 App？请在表 5-9 中罗列出来，并标记出常用的 5 个。

表 5-9　自主下载 App 调查表

App 名称	功　能	App 名称	功　能

（二）App 的分类

工业和信息化部《2020 年互联网和相关服务业运行情况》显示，截至 2020 年底，我国国内市场上监测到的 App 数量为 345 万款，可分为社交通信类、金融类、电子商务类、游戏类、日常工具类、生活服务类、教育类、主题壁纸类、音乐视频类、新闻阅读类、运动健康类、系统工具类、拍照摄影类、其他类等。下面对部分类别进行简要介绍。

1. 社交通信类

社交是很多人都不能缺少的一种生活方式。人们可以通过社交通信类 App 随时与他人取得联系，也可以展示自己的生活，与他人互动。因为社交通信类 App 所表现出的创新性，使得它在这个移动互联网时代得到了大量的应用。

2. 金融类

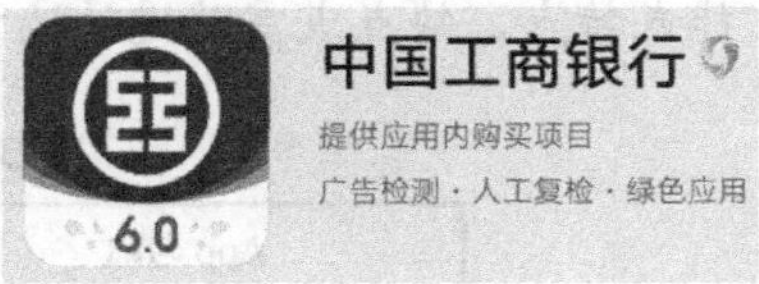

互联网的发展促进了金融事业的繁荣，让人们可以利用移动设备快速了解到金融行业状态。降低了参与门槛、围绕着人们生活的每个环节产生的互联网金融产品让许许多多无法参与金融行业的人得到了机会。以互联网金融为标志，移动互联网时代的发展到了顶峰期。对依靠流量的增长来发展的互联网金融来讲显然已经失去了内在的增长动能，未来的发展重点不再是流量增长，而是对现有流量的激活和转化能力。

金融类 App 的开发结合了互联网发展带来的优势和智能手机带来的便捷，让人们进行金融理财、金融贷款、金融投资变得方便、简单。

练一练

列举一下你手机应用商店里排名靠前的金融类 App，将其各自的功能或特点、评分和下载量填入表 5-10 中。

表 5-10　金融类 App 举例

App 名称	功能或特点	评　分	下 载 量

3. 电子商务类

传统行业痛点的核心是信息不对称，容易产生较高的交易成本。同时，在计算机端进行营销的网店通过各种推广方式推广产品，获客成本奇高，转化率又比较低。对于潜在需求的引导释放形成了障碍。造成以上现象的原因是行业存在极高的营销成本。

此外，随着移动互联网的兴起，部分行业通过各种直播 App，在介绍产品的同时，模特进行展示，及时与消费者对话，软化了消费者和商家之间的信息壁垒。

App 随下随用，口碑也非常容易在用户之间扩散，无形中激发了用户的需求，从而加速了潜在市场的渗透。

智能手机给人们带来了很多便捷之处。基于这种机遇，为了解决上述痛点，满足消费者的购物需求，一些电子商务平台开始搭建电子商务类 App，创建线上销售平台，让用户随时随地实现购物。

近几年来，电商直播走进大众视野，基于主播的介绍和实际展示，再加上实时互动，收到了非常好的效果。

练一练

调查班上同学使用电子商务类 App 的情况，看排名靠前的是哪些，收集它们的功能或特点、缺点或需改进的地方，填入表 5-11 中。

表 5-11　电子商务类 App 的使用情况

App 名称	功能或特点	缺点或需改进的地方

4. 游戏类

游戏类 App 是基于无线终端的游戏软件，充分利用了人们的碎片化时间，显现其娱乐休闲的优势，赢得了广大用户的喜爱。截至 2020 年底，我国国内市场上监测到的游戏类 App 达 88.7 万款，数量在各类 App 中居于领先地位。

腾讯课堂
Tencent Technology (Beijing) Company Limited

5. 教育类

现在正处于信息爆炸时代，信息社会需要人们尽可能高效地获取信息以有效解决生活和学习中所遇到的问题。教育类 App 可以使用户随时随地获取资源，实现语言学习、考试测评、教育教学等，促进教育教学方式的优化，提高人们学习知识的效率。

练一练

请收集一下同学们手机里下载的游戏类和教育类 App，填入表 5-12 中。

表 5-12　游戏类和教育类 App 下载情况

类　别	App 名称
游戏类	
教育类	

6. 新闻阅读类

网易新闻-头条新闻视频资讯平台
网易

新闻阅读类 App 是基于无线移动客户端传播即时信息的一种软件，这种软件在人们的生活中应用得非常普遍。人们有了解社会、了解世界的需求和渴望，而新闻阅读类 App 则在便捷的基础上满足了用户的这种渴望，这也是几乎所有网民的手机桌面都会保留一个新闻阅读类 App 的原因。

7. 其他类

IBM 最早提出了智慧交通的理念，智慧交通是在智能交通的基础上，融入物联网、云计算、大数据、移动互联等高新技术，提供实时交通数据下的交通信息服务；大量使用了数据模型、数据挖掘等数据处理技术，实现了智慧交通的系统性、实时性、交互性及服务的广泛性。同样是等公交，却可能有两种截然不同的状态，造成这种差异的重要原因便是——先知，若知道要坐的车会在什么时候到站，那么也就不存在在公交站“傻等”的情况了。所以，实时公交查询 App 出现了，它支持查询公交车到站距离、查询预计到站时间、查询周边站点、收藏和搜索线路、切换城市等，让用户不再盲目等待，有效缓解用户候车时的焦虑。不仅如此，地图导航类、单车出行类 App 也得到了用户的青睐，给人们的出行带来了极大便利。

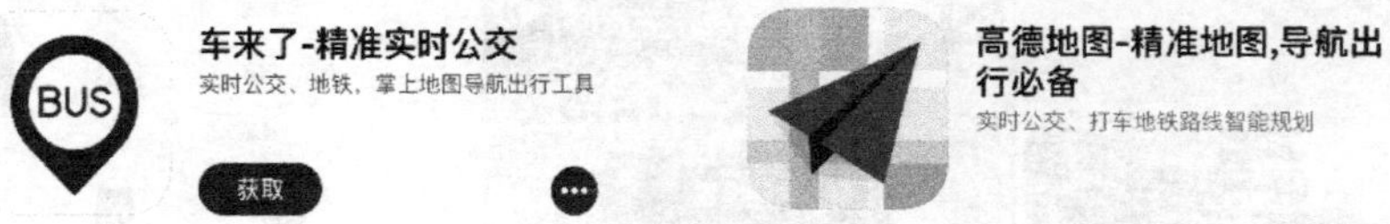

中国是一个美食大国，各地特色美食让人直流口水。现代人对“吃”越来越讲究，因此各种各样的美食类 App 应运而生，提供无数食谱供用户查看和学习。

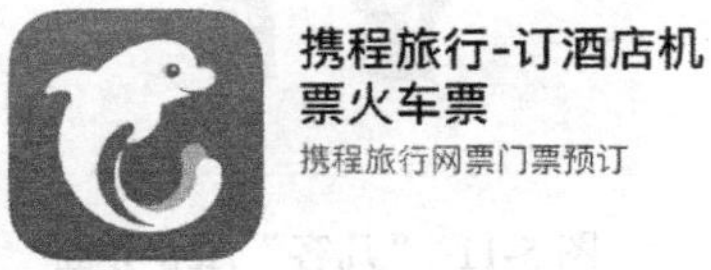

想要出去旅游，不知道去哪儿好，不知道如何做攻略？想买最划算的机票，不知道如何下手？想要租车和预订酒店，哪个平台会更好？这么多疑问，相信很多人都会遇到。旅游类 App 顾名思义就是为用户提供各类旅游服务的 App。这类 App 的兴起正在改变着人们的旅行方式，让“说走就走”成为可能。

练一练

请列举一下你手机应用商店里排名靠前的交通类、美食类和旅游类 App，填入表 5-13 中。

表 5-13　交通类、美食类和旅游类 App 下载情况

类　别	App 名称
交通类	
美食类	
旅游类	

（三）App 的商业价值

一般来说，抢占用户的手机桌面资源，用户留存率高的 App 其价值也高。

App 可看成移动商务用户的增长引擎。而这个引擎遵循一定的商业规则：发现应用、下载应用、激活应用和分享应用，最后形成闭环。每个步骤之间的转化对于移动商务运作来说都至关重要，一旦某个环节出现了问题，便会影响最终的营销效果。而如果 App 做得好，就会对营销起到非常大的促进作用。

例如，北京颐和园是非常著名的旅游景点，该公园开发了“颐和园”App（见图 5-10），游客下载后，可以随意缩放实景地图。App 内提供游览线路展示，并附上了 40 多处景点的详细介绍，全景式地展现了颐和园的建筑历史和文化。App 内置微博分享功能，游客在游玩的时候，可随时与好友分享在颐和园的点点滴滴。

又如，最初，凡客对其 App（见图 5-11）的预期是一年内做到日过万单，但用户移动购物的热情让企业感到吃惊，在移动端，凡客竟然提前 6 个月实现了日过万单的目标。

图 5-10 “颐和园”App 界面

图 5-11 “凡客”App 界面

练一练

当下的时代竞争激烈，企业想要在未来占领互联网的市场，就必须先于他人看到未来商界的发展趋势，而把握未来的重要方式之一便是对 App 营销的发展趋势进行分析。小龙从用户和内容角度出发，根据对公司的了解和对客户的分析，得出如图 5-12 所示的分析图。你认为他分析得正确与否？全面吗？

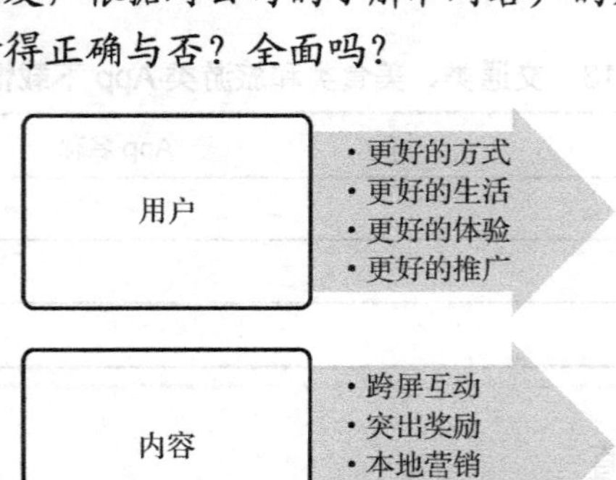

图 5-12 小龙得出的分析图

练习题

一、选择题

1．（　　）是移动商务的撒手锏应用。

A．基于位置的服务　　　　B．随时随地访问

C．紧急访问　　　　　　　D．手机游戏

2．与基于有线网络的电子商务相比，（　　）属于移动商务的特点。

A．用户数众多，占绝对优势　　B．更加个性化的服务

C．更好的定位服务　　　　　　D．更高的安全性

3．3G 的主流应用技术标准是（　　）。

A．小灵通标准　B．CDMA-2000　C．TD-SCDMA　D．WCDMA

4．以下不属于移动支付设备的是（　　）。

A．支付宝　　　　　　B．扫码终端

C．刷脸支付终端　　　D．ETC

二、简答题

1．LBS 与 GPS 的异同是什么？

2．什么是移动商务？

3．App 的商业价值是什么？

4．5G 是什么？它能为人们的生活带来什么变化？

三、综合实训题

随着移动互联网的发展，人们的消费习惯慢慢从计算机端向手机端转移，EC 公司也必须顺应这一发展潮流，准备制作一款 App。它应该具有什么功能呢？页面内容应该如何设计？请你帮小龙为 EC 公司设计一款适合消费者的 App。

设计要求如下。

1．过程要求：学生根据产品特点拟出制作 App 的目的；小组讨论后形成方案；组间交流，教师对各小组的初稿进行点评；学生修改初稿，形成定稿。

2．成果要求：帮助小龙针对公司的休闲运动服饰完成 App 设计方案，并尝试测算 App 的制作成本。

3．其他要求：能利用互联网查找相关资料，顺利进行团队合作；在讨论时能围绕主题清晰表达自己的观点，会倾听他人的想法；能熟练使用计算机办公软件；面对困难时能提

出合理的解决方法。

四、项目实操题

1．参考各大服饰网站的App，提取它们的共性，并结合EC公司的具体情况拟订制作方案。

2．参考相关网站（如AppCan），试制作简易App。

五、拓展延伸题

宜家的体验式营销

宜家最具特色、最具吸引力的经营模式莫过于体验式营销，其在产品设计、展示、体验、试用的每个具体环节都让消费者体会到无微不至的关怀。在看惯了类似于“无心购买，请勿踏坐”的牌子后，宜家的态度令人倍感温馨，其所有商品，消费者都可以坐上去试试感觉。宜家出售的一些沙发、餐椅的展示处还特意提示消费者：“请坐上去感觉一下它是多么舒服！”在宜家，没有一步一岗的销售人员，门店人员不得直接向消费者推销，而是任由消费者自行体验来决定是否购买。为了辅助消费者决策，宜家为每件产品量身定制了导购信息，产品的价格、功能、使用规则、购买程序等一应俱全。

宜家官方于2013年发布的App，与现实中宜家的体验式营销风格保持了高度统一，注重增强现实技术的运用，把个性化的DIY方式发挥到极致；消费者能通过App获取宜家的产品、商场及特别优惠活动的最新信息，查看产品的价格、尺寸、颜色及更多详细内容，查询产品库存状况和自助提货位置。更为贴心的是，消费者可以通过App了解商场的具体地址、方位地图和从所在地到商场的交通路线，掌握商场的购物路线和区域划分，获悉商场、餐厅和食品小卖部的营业时间；消费者也可以随时随地创建购物清单，还能将10个清单同步至宜家账户，查看产品的库存情况，看看在哪家商场能够马上买到需要的产品。

宜家的App在最新资讯、产品信息、商场指引、购物清单等方面为消费者提供诸多便利的同时，自身的销售成本也在无形中得到了节约，因为销售前的众多准备活动，消费者都可以在商场以外的任何地方轻松完成。

宜家向来为人津津乐道的DIY方式，满足了很多都市青年搭配与组装的心理需求，使其享受到了自己动手的乐趣。其App的推出，为满足消费者个性化的需求提供了便利。

可持续发展是宜家的首要任务，宜家提出了全新的可持续发展战略——“益于人类，益于地球”，旨在为消费者打造更加可持续的居家生活，使宜家的能源和资源独立开来，并继续为消费者创造更美好的生活。这款处处彰显“绿色”的App对于向来注重节约、生态和环保的宜家来说，无疑又是一项巨大进步。

思考：

1．请总结一下，宜家制作App时注意了哪些因素。

2．使用宜家的App，和同学分享一下你的感受。

项目六

跨境电子商务

技能目标

熟练掌握跨境电子商务平台的操作
能使用跨境电子商务平台营销产品

知识目标

掌握跨境电子商务的内涵，熟悉跨境电子商务平台的应用
掌握传统贸易与跨境电子商务的区别和联系

素质目标

培养学生的组织分工与团队合作能力
培养学生的讨论与口头表达能力
培养学生的平台操作、营销与策划能力

建议课时数

8

导入案例

小龙经过调查各种电子商务模式，感觉每个模式都有自己的特点，尤其是跨境电子商务，发展速度更是惊人。公司本来的业务就有外贸的部分，主要以传统外贸出口为主。传统的外贸企业涉足跨境电子商务或为拓宽渠道，追求更高的销售额，或是现有渠道增长乏力的无奈之举。近年来，“转型升级”成为传统外贸行业的主流趋势，不少传统制造企业已经在转型的过程中，或是有转型的打算，而其转型的方向基本上也都是同一个——跨境电子商务。所以小龙打算对跨境电子商务做一个深入的研究，看看公司能否转型，向跨境电子商务方面发展。

案例思考

如果你是小龙，你会如何开展研究？

任务一　跨境电子商务概述

一、跨境电子商务的概念

跨境电子商务是指不同国境地域的交易主体之间，以电子商务的方式达成交易（在线订购、支付结算，并通过跨境物流递送商品，清关，最终送达，完成交易）的一种国际商业活动。

二、传统贸易和跨境电子商务的区别

知识链接

2015年，在第二届世界互联网大会上，中国表示希望通过发展跨境电子商务来促进世界范围内的经济发展。跨境电子商务再次被推向了风口浪尖，成为热议话题之一。

跨境电子商务这么火热，到底和传统贸易有什么差异和区别呢？

来看看在传统贸易和跨境电子商务模式下，商品从生产商/品牌商到达境内消费者的一般流程，如图6-1所示。

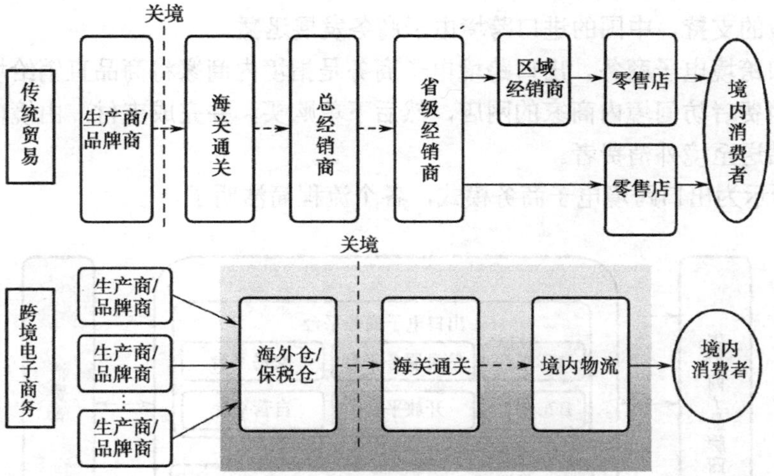

图 6-1　在传统贸易和跨境电子商务模式下，商品从生产商/品牌商到达境内消费者的一般流程

因此，传统贸易和跨境电子商务的区别如表 6-1 所示。

表 6-1　传统贸易和跨境电子商务的区别

差　异	传 统 贸 易	跨境电子商务
对象不同	大多数是企业之间的商业行为	大多数是直接消费者
税收制度不同	货物税（关税、增值税、消费税）和物品税	零售进口商品的单次交易限值为 2000 元，个人年度交易限值为 20000 元。在限值以内进口的跨境电子商务零售进口商品，关税税率暂设为 0%；进口环节增值税、消费税取消免征税额，暂按法定应纳税额的 70%征收。超过单次限值、累加后超过个人年度限值的单次交易，以及完税价格超过 2000 元限值的单个不可分割商品，均按照传统贸易方式全额征税
环节不同	进出口环节并没有任何缩短或改变	尽量减少或缩短各个环节以降低中间成本
交易方式不同	线下交易	线上交易
经营模式不同	基本模式是 B2B	主流模式是 B2C

在 B2B 模式下，企业运用电子商务以广告和信息发布为主，成交和通关流程基本在线下完成，本质上仍属于传统贸易，已纳入海关一般贸易统计；在 B2C 模式下，我国的企业直接面对国外消费者，以销售个人消费品为主，物流方面主要采用航空小包邮寄、快递等方式，其报关主体是邮政或快递公司，目前大多未纳入海关登记。

三、跨境电子商务的分类

海关统计数据显示，2020 年我国跨境电子商务进出口 1.69 万亿元，增长 31.1%。其中，出口 1.12 万亿元，增长 40.1%；进口 0.57 万亿元，增长 16.5%。

跨境业务包括进口业务和出口业务，同样，跨境电子商务也包括进口跨境电子商务和出口跨境电子商务。

（1）进口跨境电子商务。进口跨境电子商务是指境外商家将商品直销给境内消费者，一般是境内消费者访问境外商家的购物网站选择商品，然后下单，由境外商家发国际快递，将商品送达境内消费者。

由于政策的支持，中国的进口跨境电子商务发展迅猛。

（2）出口跨境电子商务。出口跨境电子商务是指境内商家将商品直销给境外消费者，一般是境外消费者访问境内商家的网店，然后下单购买，并完成支付，由境内商家发国际物流，将商品送至境外消费者。

图 6-2 所示为出口跨境电子商务模式，各个流程简洁明了。

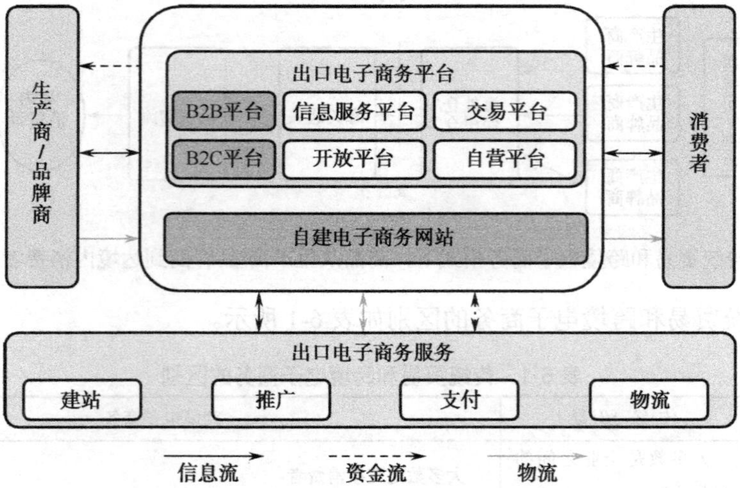

图 6-2　出口跨境电子商务模式

四、传统电子商务和跨境电子商务的异同

跨境电子商务网店运营和传统电子商务网店运营一样，都需要有相关运营经验，如店铺装修、商品发布和推广、统计数据分析、商品规划、店铺优化等。

和传统电子商务相比，跨境电子商务的主要难点在于以下几点。

（1）进口清关入境，海外商家外币结算。

（2）清关主要和海关、检疫、外管等部门打交道，需要符合政策规定流程。

（3）外币结算时需要考虑以什么外币结算，币种是否可以更换，什么时候结算。

（4）商家在选择入驻跨境电子商务平台时要考虑平台提供什么服务，入驻成本是多少，商品备案、入境清关步骤、具体结算方式等。

练一练

请选择一个你熟悉的跨境电子商务平台，了解入驻该跨境电子商务平台的步骤。

提示：

（1）了解平台的业务模式、招商说明、入驻条件资费、交易规则等。

（2）提交资料，申请入驻。

（3）审核完成后，缴纳费用，店铺开通。

任务二　主要的跨境电子商务平台

一、出口跨境电子商务平台及其特点分析

随着传统外贸渠道的疲态蔓延，跨境电子商务的发展异常火爆，未来很有可能成为主流的外贸出口模式，并且成为推动中国外贸经济的一个重要突破口。目前，中国的外贸人选择的出口跨境电子商务平台主要是 Amazon、eBay、Wish、AliExp-ress。这些主流的跨境电子商务平台各有特点，对于跨境电子商务商家来说，如何选择符合自己特点的跨境平台是先要做的事情。

1. Amazon（亚马逊）

亚马逊成立于1995年，是世界电子商务行业的鼻祖，创始人是杰夫·贝佐斯（人称“姐夫”），目前，亚马逊已成为全球商品品种最多的网上零售商和最大的互联网企业之一。亚马逊及其他销售商为消费者提供数百万种独特的全新、翻新及二手商品，如图书、影视、音乐和游戏、数码产品、计算机、家居园艺用品、玩具、婴幼儿用品、食品、服饰、鞋类和珠宝、健康和个人护理用品、体育及户外用品、汽车及工业产品等等，如果打算入驻亚马逊，那么一定要保证商品质量。

目前，亚马逊包括美国、加拿大、德国、英国、法国、意大利、西班牙、日本、墨西哥、澳大利亚、印度等在内的多个大站点已向中国卖家全面开放。遍布全球的 100 多个运营中心帮助中国卖家将产品销往世界上的多个国家和地区。

案例 6-1

国产羽绒服成亚马逊爆款

从 2018 年起，Orolay 成为亚马逊女款羽绒服和大衣类服装的爆款。在美国罕见的寒冬天气下，这款价格仅为 Canada Goose（加拿大鹅）和 Moncler（盟可睐）等品牌羽绒服售价 10%左右的平价羽绒服以病毒式的速度出现。2019 年初，亚马逊上关于这款羽绒服的评价已超过 6000 条，其中超过 80%是 4 星或 5 星评价，有消费者评论称该羽绒服非常难买，并透露在散步时曾看到了 20 个女性穿着这款外套。

住在纽约上东区的一位消费者更把 Orolay 羽绒服类比为当年刚刚面世的 Moncler，或者诞生于 20 世纪 90 年代的 The North Face（乐斯菲斯，北面）黑色羽绒服。Neiman Marcus（尼曼）时尚总监 Ana Maria Pimentel 则表示，她在看到其妈妈的朋友穿着 Orolay 羽绒服后也购买了同款，她说：“感觉它几乎无处不在。”

思考

请你自己查找资料，分析为何这款羽绒服会成为亚马逊爆款。

课堂随笔

2. eBay（电子湾、亿贝、易贝）

eBay成立于1995年9月4日，由Pierre Omidyar以Auctionweb（拍卖网站）的名称命名。eBay就是美国版淘宝，是一个可让全球的消费者上网买卖物品的线上拍卖及购物网站，人们可以在eBay上通过网络出售商品。至2019年，eBay在全球范围内拥有1.8亿位活跃用户，以及数亿件个人或商家的商品，其中以全新的“一口价”商品为主。eBay的开店条件和亚马逊比相对宽松，但也需要提供很多相关资料，比如银行交易记录、发票等。而且虽然开店不要钱，但每上架一个商品都是需要单独收费的。需要注意的是eBay比较偏向买家。

2016年，eBay退出中国市场。

3. Wish

Wish成立于2010年7月4日，属于移动端交易平台，主要的市场是欧美地区。Wish平台面向的消费者群体以女性为主，大约占了80%，年龄处于18～30岁。人们选择Wish购物的原因除了在手机上方便操作，整体上便宜的价格也是很大的一个因素，加上Wish独特的浏览和推荐机制又保证了商品的质量和吸引力。做Wish卖家的话，一定要把握好选品时的方向。

4. AliExpress（全球速卖通）

全球速卖通成立于2010年4月，是阿里巴巴旗下的平台，被称为“国际版淘宝”。全球速卖通是阿里巴巴帮助中小企业接触终端批发零售商，小批量、多批次快速销售，拓展利润空间而全力打造的融合订单、支付、物流于一体的在线外贸交易平台（见图6-3）。目前主要以俄罗斯、美国、西班牙等国家的市场为主，开店步骤简单、易操作，适合新人，适合个体经营。

5. 敦煌网

敦煌网成立于2004年，是全球领先的在线外贸交易平台。其创始人兼CEO王树彤是中国最早的电子商务行动者之一。敦煌网是国内首个为中小企业提供B2B网上交易的网站。敦煌网采取佣金制，在买卖双方交易成功后收取佣金；从2019年2月20日起，敦煌网另外对新注册卖家收取费用。敦煌网致力于帮助中国的中小企业通过跨境电子商务平台走向全球市场。

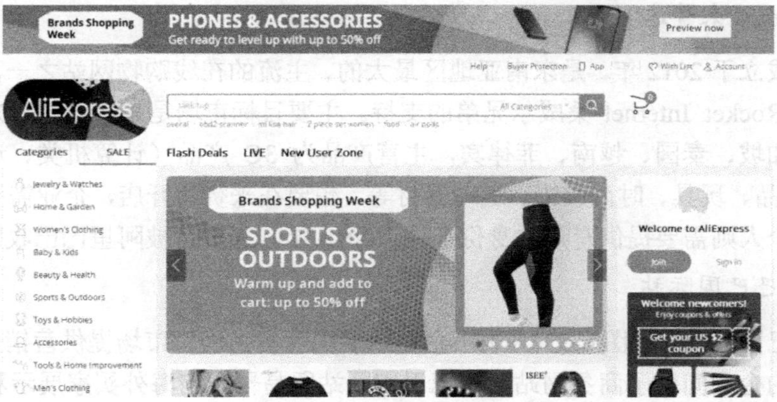

图 6-3　全球速卖通首页

6. Light In The Box（兰亭集势）

兰亭集势简称兰亭，成立于 2007 年，是以技术驱动、大数据为贯穿点，整合供应链生态圈服务的在线 B2C 跨境电子商务平台（见图 6-4），从事电子配件、机械设备、五金交电、家用电器、纺织品、服装服饰、日用品、工艺美术品、珠宝首饰（不含黄金、裸钻）、文体用品及器材、建筑材料（不含钢材）、化工产品（不含危险化学品）的批发；佣金代理（拍卖除外）、进出口及相关配套业务。兰亭集势要求平台卖家提供企业三证（营业执照、税务登记证、组织机构代码）或三证合一证件，出售电子产品要提供品类安全认证，出售品牌产品要提交品牌资质、商标注册证或品牌授权。兰亭集势不向平台卖家收取平台入驻费或服务费，但会抽取 15%的佣金和 3%的交易手续费。

图 6-4　兰亭集势首页

7. Shopee（虾皮）

虾皮成立于 2015 年，由李小冬（Forrest Li）创立，隶属于 SEA Group（冬海集团），总部设在新加坡。虾皮是东南亚地区的电子商务平台，购物站点有新加坡、马来西亚、印度尼西亚、泰国、越南、菲律宾和中国台湾。除中国台湾站点外，其他站点已开通了跨境卖家业务。虾皮拥有广泛的产品种类，从消费类电子产品到家居生活、美妆、母婴、时尚与健身器材，一应俱全。

8. Lazada（来赞达）

来赞达成立于 2012 年，是东南亚地区最大的、主流的在线购物网站之一，获得了德国创业孵化器 Rocket Internet 桑威尔兄弟的支持。主要目标市场是东南亚的马来西亚、印度尼西亚、新加坡、泰国、越南、菲律宾，主营产品为 3C 产品（计算机类、通信类和消费类）、家居用品、玩具、时尚服饰、运动器材等。想要在来赞达开店，企业需要提供合法的营业执照，个人则需要提供有效的身份证件。2016 年，来赞达被阿里巴巴收购。

9. 阿里巴巴国际站

阿里巴巴国际站（见图 6-5）为中小企业拓展国际贸易出口市场提供营销推广服务，基于全球领先的企业间电子商务网站阿里巴巴国际站贸易平台向海外买家展示和推广供应商及其产品，进而获得贸易商机和订单，是出口企业拓展国际贸易的首选网络平台之一。简单来说，阿里巴巴国际站主要是做外贸的，主要针对的是出口，是给全世界看的。

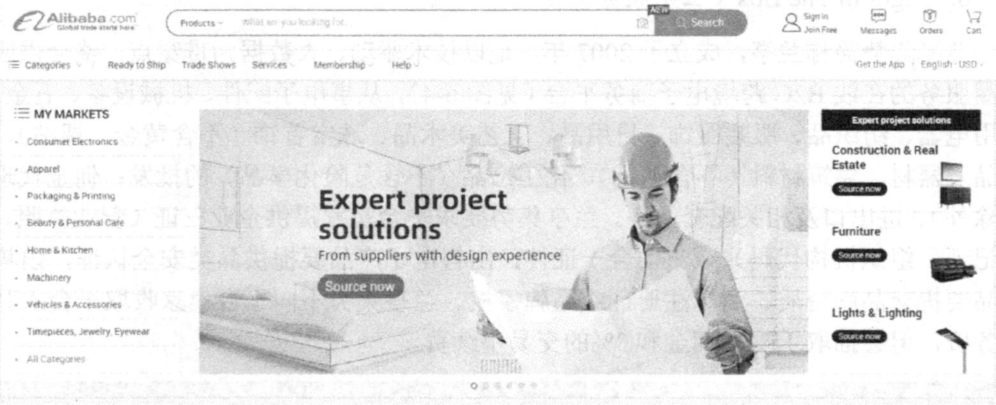

图 6-5　阿里巴巴国际站首页

10. Newegg（中国新蛋网）

中国新蛋网成立于 2001 年，是依托著名的美国新蛋网而创立的新一代专业电子商务消费服务网站，主要从事 3C 产品的网上销售，畅销品类是汽车用品、运动用品和办公用品。特别值得注意的是，该网站的大部分消费者是男性，但女性消费者也在快速增长。

11. SOUQ

SOUQ 面向中东地区的实体店铺，以及已入驻海外仓商家开拓自己的电子商务分销渠道，成立于 2005 年。截至 2019 年，SOUQ 已拥有 600 万名用户，并且每月能达到 1000 万次的独立访问量，是中东地区最大的电子商务网站之一。根据网站的情况，SOUQ 已经开始考虑拓展其他的业务，如已经建立了自己的物流系统 QExpress 和支付系统 PayFort，还推出了自己品牌的平板电脑。

二、进口跨境电子商务平台及其特点分析

我国的进口跨境电子商务起源于早期的海外个人代购和海淘，2014 年以来，伴随着利好政策的出台、资本的介入，以及我国居民日益增长的消费需求，进口跨境电子商务进入发展的快车道，各类主体涌现。进口跨境电子商务企业主要面向我国的终端消费者，有 B2C 和 C2C 两种模式。以大数据、云计算、5G、人工智能为代表的新型基础设施建设的不断完善，为跨境电子商务供应链服务奠定了深厚的技术基础，跨境电子商务行业迎来数字化升级，有助于提升产品供应、流通等效率，拓展服务链条，增加服务附加值，扩大利润空间。各跨境电子商务企业根据消费者的需求及自身优势的不同进行了差异化的创新。

根据艾媒咨询发布的数据，目前国内知名的进口跨境电子商务平台如图 6-6 所示。

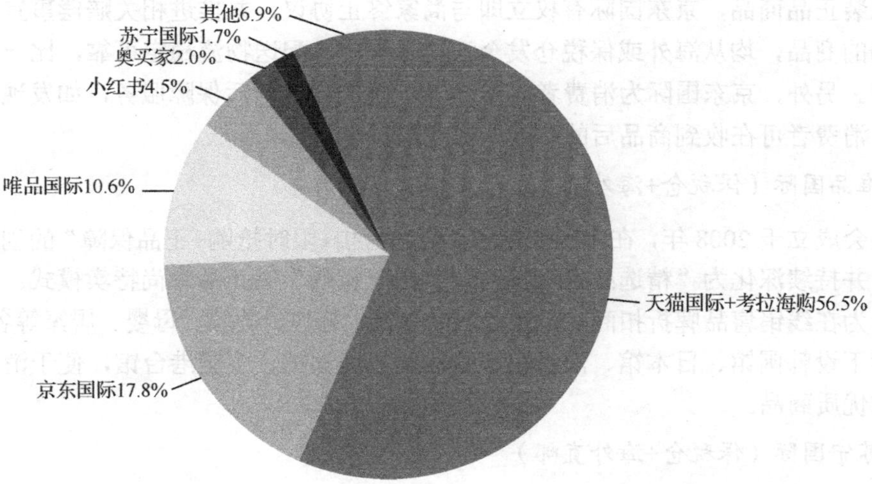

图 6-6　2020 年第一季度进口跨境电子商务平台零售市场份额

下面对其中的部分平台进行简要介绍。

1. 天猫国际（保税仓+海外直邮）

截至 2021 年 1 月，全球共有 87 个国家和地区的 29000 多个海外品牌入驻天猫国际，覆盖 5800 多个品类，其中八成以上的品牌首次入华。天猫国际是阿里巴巴集团在 2014 年 2 月 19 日当天宣布正式上线的，主要为国内消费者直供海外原装进口商品。入驻天猫国际的商家均为中国大陆以外的公司实体，具有海外零售资质；销售的商品均原产于或销售于海外，通过国际物流经中国海关正规入关。所有天猫国际入驻商家需为其店铺配备旺旺中文咨询，并提供国内售后服务，消费者可以像在淘宝购物一样使用支付宝买到海外进口商品。而在物流方面，天猫国际要求商家 120 小时内完成发货，14 个工作日内到达，并保证物流信息全程可跟踪。

2. 考拉海购（深入货源产地直采）

网易考拉是网易旗下以跨境业务为主的综合型电子商务平台，于 2015 年 1 月 9 日公测，销售品类涵盖母婴、美容彩妆、家居生活、营养保健、环球美食、服饰箱包、数码家电等。网易考拉主打自营直采的理念，在美国、德国、意大利、日本、韩国、澳大利亚等国家和

中国香港、台湾等地区设有分公司或办事处，深入产品原产地直采高品质、适合中国市场的商品，从源头上杜绝假货，在保障商品品质的同时省去诸多中间环节。商品直接从原产地运抵国内大陆地区，在海关和出入境检验检疫机构的监控下储存在保税区仓库。2018年6月，网易考拉海购更名为“网易考拉”，宣告进军综合电子商务市场。2019年9月6日，阿里巴巴集团宣布以20亿美元全资收购考拉海购，至此，考拉海购成为阿里旗下以跨境业务为主的会员电子商务平台。

3. 京东国际（保税仓+海外直邮）

京东国际原名京东全球购，是京东在2015年开启的跨境电子商务新业务，旨在为消费者带来更多、更优质的海外商品，让消费者足不出户就能购买全球商品。京东国际的商家承诺，所出售商品均为100%海外原装正品，并提供“正品保障服务”。一旦被发现出售假货及非原装正品商品，京东国际有权立即与商家终止协议，并推进相关赔偿事宜。在京东国际选购的商品，均从海外或保税仓发至消费者手中，配送物流稳定可靠，比一般国际物流周期短。另外，京东国际为消费者提供7天无忧的国内售后保障服务，如发现商品有质量问题，消费者可在收到商品后的7天内提交退货申请。

4. 唯品国际（保税仓+海外直邮）

唯品会成立于2008年，在中国开创了“名牌折扣+限时抢购+正品保障”的创新电子商务模式，并持续深化为“精选品牌+深度折扣+限时抢购”的正品时尚特卖模式。唯品会的主营业务为在线销售品牌折扣商品，涵盖名品服饰、鞋包、美妆、母婴、居家等各大品类。唯品国际下设韩国馆、日本馆、澳新馆、欧洲馆、美洲馆、中国港台馆，便于消费者及时找到全球优质商品。

5. 苏宁国际（保税仓+海外直邮）

苏宁创立于2014年2月，为国内首个拿到国际快递牌照的跨境电子商务平台，设立了多个海外分公司，拥有采购、供应链相关资源。苏宁国际选择“自营+招商”的模式，结合自身现状，在传统电子商务方面发挥了供应链、资金链的内部优势，同时也通过全球招商来扩大自己的国际商用资源。

6. 洋码头（直销+直邮+直购）

洋码头成立于2009年，是中国的海外购物平台，目的是满足中国消费者不出国门就能购买到全球商品的需求。“洋码头”App内拥有首创的“扫货直播”频道；另一特色频道“聚洋货”则汇集了全球各地的知名品牌供应商，实现消费者一站式购物，保证海外商品现货库存，全球物流护航直邮。现阶段，入驻洋码头的卖家可分为两类，一类是个人卖家，另一类是商户。

7. 蜜芽（垂直自营）

蜜芽的前身是蜜芽宝贝，是中国首家进口母婴品牌限时特卖商城，由全职妈妈刘楠于2011年创立，希望创造简单、放心、有趣的母婴用品购物体验。“母婴品牌限时特卖”是指网站每天推荐热门的进口母婴品牌商品，以低于市场价的折扣力度进行特卖。蜜芽在坚持采购标准、供应链管理标准和仓储标准的前提下，通过模式创新、提高效率等方法来降价，最终让利给妈妈们。

8. 聚美极速免税店（垂直自营+保税仓）

2014年9月，聚美海外购业务（聚美极速免税店）低调上线，和海外品牌建立商品直供合作，以日韩化妆品品牌为主，以欧美品牌为辅，主要通过行邮保税模式，将在国外采购的商品备至郑州保税区，再进行质检和销售。

9. 五五海淘（导购返利）

五五海淘成立于2011年，是一家为国内消费者提供海淘返利的导购软件，涵盖海外主流电子商务平台，精选全球正品优惠折扣信息，让国内消费者轻松浏览和选购全球商品。国内用户通过五五海淘在海外电子商务平台购物，还能获得40%的返利。五五海淘的目标是让国内消费者学会如何海淘，让消费者在家就可以逛国际商店，且订货不受时间、地点的限制；让消费者在第一时间了解国际商品的潮流资讯，买国内没有的商品，买新潮的商品。

任务三 跨境电子商务平台的模式

一、出口跨境电子商务平台的模式

在经济全球化和电子商务快速发展的大趋势下，全球市场的跨境网购需求在不断释放，随着云计算、大数据、人工智能等新兴数字技术广泛应用于跨境贸易服务、生产、物流和支付环节，跨境电子商务行业效率大幅提升，在各环节中的信息化程度进一步提升，随之衍生出了多种创新模式，逐渐成为我国对外贸易的新动能。根据出口跨境电子商务的发展，本书主要介绍具有代表性的4种出口平台模式及其盈利模式。

1. 以阿里巴巴国际站为代表的“大宗商品批发贸易平台模式”

该模式以信息撮合为重点，以平台型B2B为主要业务模式，是我国最早的出口电子商务模式，解决了传统贸易中信息高度不对称的问题。通过提供信息发布平台，使买卖双方信息互通，相比传统贸易，效率得到大幅提升。大宗商品批发贸易平台又分为综合型和垂直型两类，主要用户为生产企业及大型贸易企业，其盈利模式主要是平台收取入驻费用。该模式在2008年国际金融危机之后式微，但2015年开始又掀起第二轮创新创业热潮，近年来随着互联网金融和供应链金融的创新发展，以金融为典型代表的供应链服务推动B2B进入交易发展新阶段，其盈利模式为收取供应链服务费。大宗商品批发贸易平台信息量丰富，从出口规模上看，是目前我国出口跨境电子商务的主要形式。代表平台：阿里巴巴国际站、环球资源网、中国制造网。

由于大宗商品批发贸易涉及复杂的贸易环节，如支付、物流、报关、报检、退税、结汇等，因此目前该模式仅在营销和交付环节实现了在线化，其交易环节依然采取传统贸易的方式进行，如图6-7所示。随着信息科技的不断渗透，该模式也有着交易和服务产生闭环的趋势。

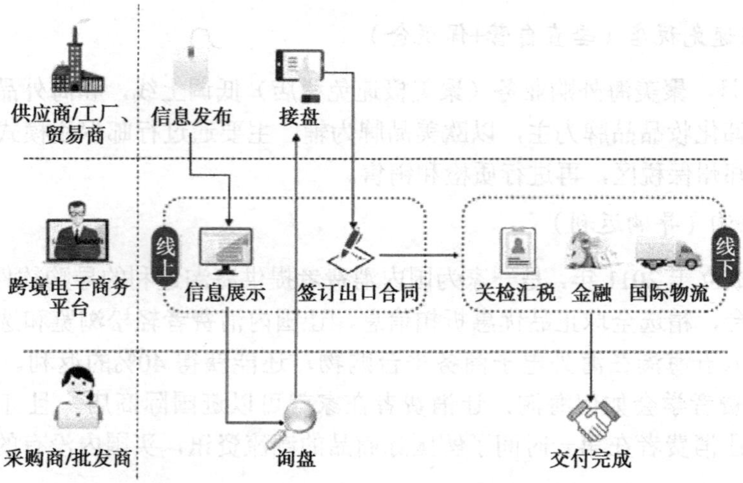

图 6-7　大宗商品批发贸易平台模式

2. 以全球速卖通和敦煌网为代表的“中小规模批发零售平台模式”

该模式以在线一站式交易为核心，以平台型小额 B2B 和 B2C 为主要业务模式，将信息撮合、在线交易、物流实时追踪进行一站式整合，解决了中小企业碎片化、高频化、个性化的需求。代表平台：全球速卖通、敦煌网。

2008 年国际金融危机以后，我国外贸产生了明显的碎片化、个性化等需求，使得中小规模批发零售类出口电子商务企业得以迅速成长。此类平台的用户主要为贸易商、中小企业、零售商和终端消费者，其盈利模式主要为收取交易佣金。如图 6-8 所示，该模式实现了全流程的在线交易闭环，交易数据得到留存。随着大数据、云计算、人工智能等新一代信息技术的快速发展，产生了相关的数据服务、精准营销、金融等增值服务，成为中小规模批发零售平台的又一盈利点。该模式具有对市场需求反应迅速、交易流程清晰透明等显著优势，但由于平台供应端和采购端多为中小企业或个人，平台对于供应链的把控面临挑战。

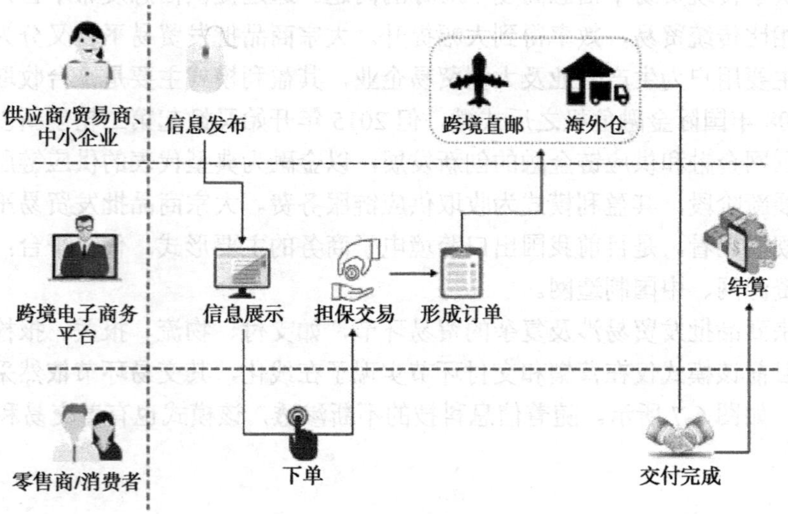

图 6-8　中小规模批发零售平台模式

3. 以环球易购为代表的“自采或POP（卖点广告）兼营的全域零售平台模式”

该模式以满足海外终端消费者的需求为核心，以自营B2C和商家入驻平台销售为主要业务形式。自营型出口电子商务企业专注于某一领域或品类，对于该领域具有较深刻的认知，在供应链方面的控制能力较强，产品品控、流程管理、营销渠道等方面能得到有力保障，终端消费者的体验也相对较好。代表平台：环球易购、帕拓逊、有棵树、棒谷、通拓科技。

自采或POP兼营的全域零售平台模式如图6-9所示。自采模式需要大量的现金流用于产品的生产制造、采购、仓储物流等环节，对于市场需求变化的把握和对资金的管理提出了较高要求。开放平台POP模式大部分以垂直型为主，采用品牌化的战略，针对终端消费者的核心需求，从商品的设计、制造、营销、销售等环节进行全流程把控，企业大多拥有一个或多个自有品牌，利用中国制造积累的优势，以高性价比为抓手，通过平台进行销售，在品牌效益产生后组建或打造自有平台并试探开拓周边品类。其主要盈利点为销售商品产生的利润。

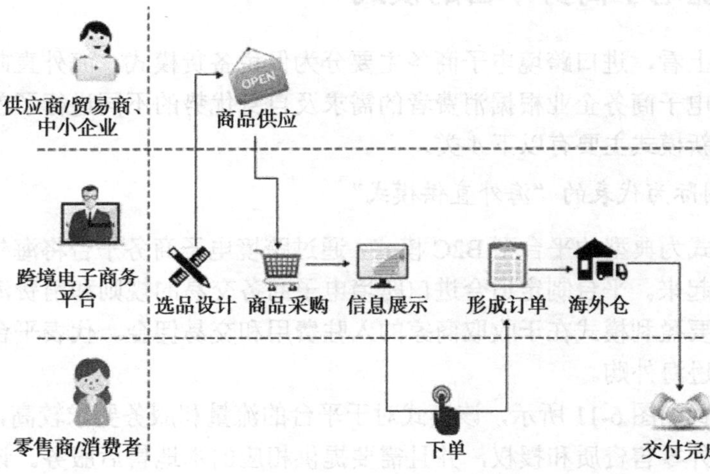

图6-9 自采或POP兼营的全域零售平台模式

4. 以虾皮、来赞达为代表的“本土化零售平台模式”

该模式针对某一特定市场的差异化需求，以自营或平台型B2C为主要业务模式。传统出口跨境电子商务以美国为主，一方面由于美国等发达国家的互联网及电子商务起步较早，网络用户渗透率较高；另一方面由于市场规模可观，对于出口企业的风险较小。代表平台：虾皮、来赞达、Kilimall（齐力）、傲基。

随着电子商务在全球的迅速渗透和“一带一路”倡议的推进，特定市场的活力被激发，近年来呈现爆发式增长的趋势。但特定市场受到基础设施、消费习惯、宗教文化等因素的影响较大，因此面向欧美市场的经验很难有效复制。该模式的创新之处在于利用企业自身对特定市场熟悉的优势，采取差异化的蓝海战略，有针对性地设计和打造相应的支付、物流、信息展示等环节，并根据当地的消费习惯进行商品选择和设计等，如图6-10所示。该模式的竞争环境较为宽松，对于当地市场的培养往往需要较长的时间，目前在特定市场中具有一定的寡头优势，但随着电子商务巨头的进入，竞争将越来越激烈。

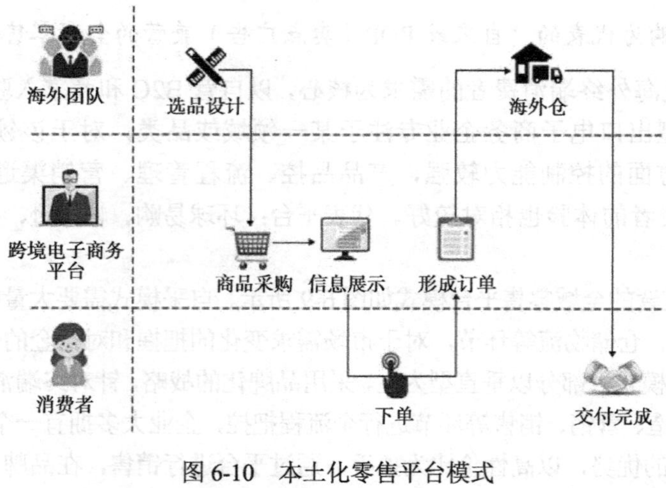

图 6-10　本土化零售平台模式

二、进口跨境电子商务平台的模式

从交付模式上看，进口跨境电子商务主要分为保税备货模式、海外直邮模式和集货直邮模式。各跨境电子商务企业根据消费者的需求及自身优势的不同进行了差异化的创新，具有代表性的创新模式主要有以下 4 类。

1. *以天猫国际为代表的“海外直供模式”*

海外直供模式为典型的平台型 B2C 模式，通过跨境电子商务平台将海外经销商与国内消费者直接联系起来。平台制定适合进口跨境电子商务交易的规则和消费流程，打造良好的用户体验，主要盈利模式在于收取商家的入驻费用和交易佣金。代表平台：天猫国际、苏宁国际、亚马逊海外购。

海外直供模式如图 6-11 所示，该模式对于平台的流量和服务要求较高，因此，一般要求供应商具有海外零售资质和授权，并且需要提供相应的本地售后服务。该模式为消费者提供了丰富的商品及便捷高效的购物体验，加之平台背书，消费者的信任度较高。商品一般采用海外直邮或保税仓发货的方式送达国内消费者手中。对于品牌端的管控及供应链的缩短是海外直供模式发展的主要趋势。

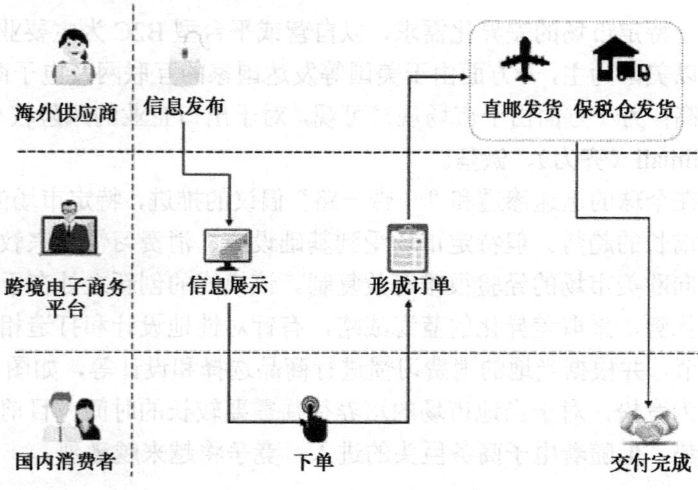

图 6-11　海外直供模式

2. 以考拉海购和小红书为代表的“海外优选模式”

海外优选模式主要以自营型 B2C 为主，平台直接参与到货源的组织、物流仓储及销售过程中，如图 6-12 所示。由于海外优选模式对产品端及供应链的控制较好，商品规模化采购，因此一般采取保税备货的模式，物流时效性较高，消费者体验相对较好。该模式的主要盈利点是销售商品所产生的利润及相关的营销等增值服务。随着消费者体验的不断提高，会员服务费成为海外优选模式的又一盈利点。该模式要求电子商务企业对于市场消费需求的把控能力比较突出，在选品方面提出了较高的要求，也限制了商品的丰富程度。同时，采购需占用企业大量的资金，有效地提高动销率是海外优选模式下企业优化的方向，因此企业通常会采用限时特卖或直邮闪购等运营方式丰富品类及缓解供应链压力。代表平台：考拉海购、小红书、蜜芽、什么值得买。

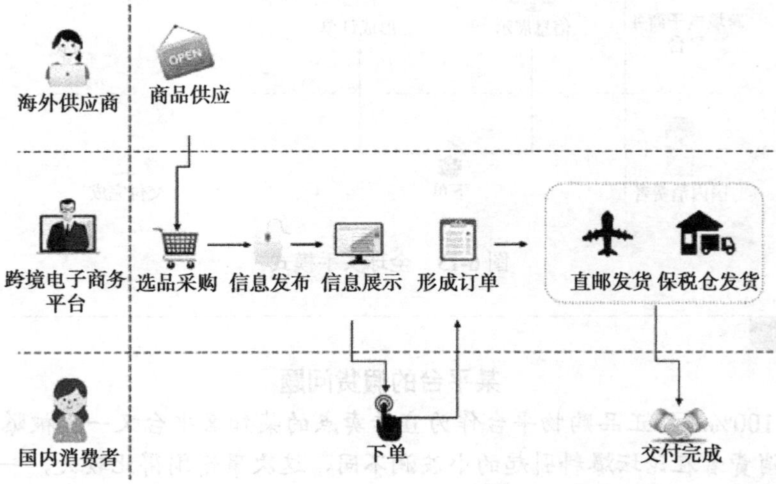

图 6-12　海外优选模式

该模式中，比较有特点的还有带有社群属性的小红书平台。小红书起源于论坛社区，主要以社交型 C2C 及 B2C 为主。社群模式，即 UGC（用户生成内容）模式，通过用户原创的海外购物经验分享，聚集了具有相同兴趣爱好的人群。一方面解决了买什么、什么值得买的问题；另一方面基于对社群用户行为数据及产品信息的分析，精准选品，并提供便捷的购物体验，解决了在哪里买的问题。与其他进口跨境电子商务模式相比，社群模式用户黏性大、竞争壁垒显著，商品也区别于综合型平台，其内容完全基于社群中的用户产生，是以需求为驱动的自下而上的一种创新模式。其主要盈利点是销售商品所得到的利润，主要运营点是提升用户的转化率。随着移动社交电子商务的兴起，这种达人经济、意见领袖的模式越来越受到年轻消费者的喜爱。

3. 以洋码头为代表的“全球买手模式”

全球买手模式通过海外买手入驻平台开店，建立起海外买手与国内消费者的联系进而达成交易，是典型的平台型 C2C 模式。盈利模式一般为提供转运物流服务等，以及平台本身的一些增值服务，入驻平台一般不收取任何费用。全球买手模式在品类上主要以长尾非标品为主，兼有个性化的商品。代表平台：洋码头、淘宝全球购。

该模式所覆盖的行业及商品较为广泛，买手对于海外市场的敏感度较高，产品迭代速度较快，消费黏性较高，存在一定的价格优势，满足了在进口消费中个性化、细致化、多样化的需求。如图 6-13 所示，商品交付一般以个人行邮为主，整个过程中比较依赖买手，服务体验参差不齐，信任度及品牌授权等法律风险问题或将限制其规模和发展。全球买手模式在初期发展迅猛，但随着海关政策的进一步完善，该模式的合规问题也日益凸显，合规合法成为全球买手模式创新的关键。

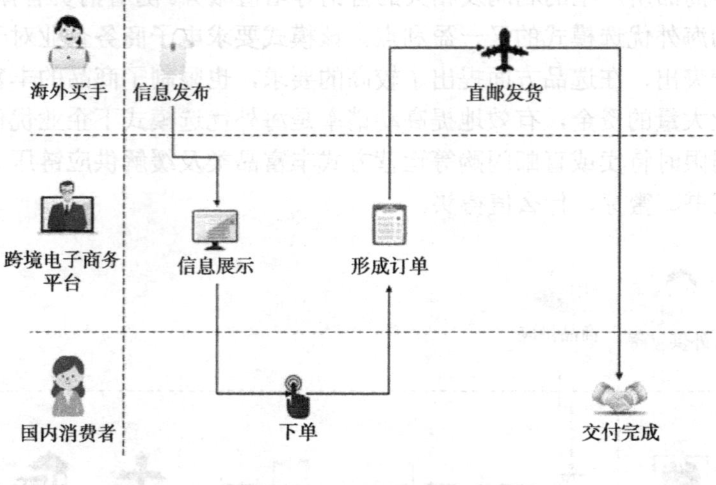

图 6-13　全球买手模式

案例 6-2

某平台的假货问题

一直以 100%海外正品购物平台作为宣传卖点的某知名平台又一次被曝出了假货风波。和以往消费者在论坛爆料引起的小波澜不同，这次事情闹得比较大，一名媒体记者在该平台卧底当买手，结果发现该平台的监管程序如同虚设，国内 400 元的高仿包，寄到海外转一圈之后，就能够在该平台上卖出 7000 元的高价。

通过记者的报道可以发现，如果买手真的在该平台上售假，后续的惩处和能够获得的高利润相比，根本不值得一提。该平台在公告中表示，类似“自买自卖”的非正常交易订单，风险控制系统确实很难覆盖，但对于正常的交易行为，该平台布置的 4 道防线可以有效地保障消费者权益。所谓的 4 道防线，即买手认证机制、流量分发布控机制、物流监控机制、服务保障机制，但都各自存在漏洞，可以被击破。

思考

你有没有买到过假货？你觉得造成跨境电子商务平台有假货的原因是什么？怎么杜绝呢？把以上内容填入表 6-2 中吧。

表 6-2　跨境电子商务平台假货问题

平　台	有假货原因	怎样杜绝假货	给平台的建议

4. 以京东国际为代表的“线上与线下融合模式”

线上与线下融合模式为创新的O2O模式，将进口商品在线下进行展示，以扫码购买方式向线上导流，如图6-14所示。主要业务模式有保税备货模式及一般贸易模式，通过线下体验店与移动应用在系统层面打通，为消费者提供所见即所得的流畅体验。线上与线下融合模式源于国内电子商务的O2O模式，应用在进口跨境电子商务中，可以在一定程度上缩短交易流程。通过线下实体展示，能够提升消费者对商品的信任度，同时能够触及具有跨境商品需求却无电子商务消费习惯的人群。线上与线下融合模式目前看来多数处于创新探索阶段，各企业的盈利模式也略有不同，线下体验店成本较高，一般不作为盈利点，而是通过向线上导流，最终实现线上盈利。移动电子商务的快速发展，使得线上与线下融合成为现实，随着人工智能、虚拟现实、增强现实等新兴技术的进一步发展，线上与线下融合模式也将为传统零售业注入新的活力。目前国内很多进口跨境电子商务平台都在布局O2O线下体验店，不断探索如何提升用户体验。代表平台：京东国际、天猫国际、考拉海购、聚美优品、五洲会。

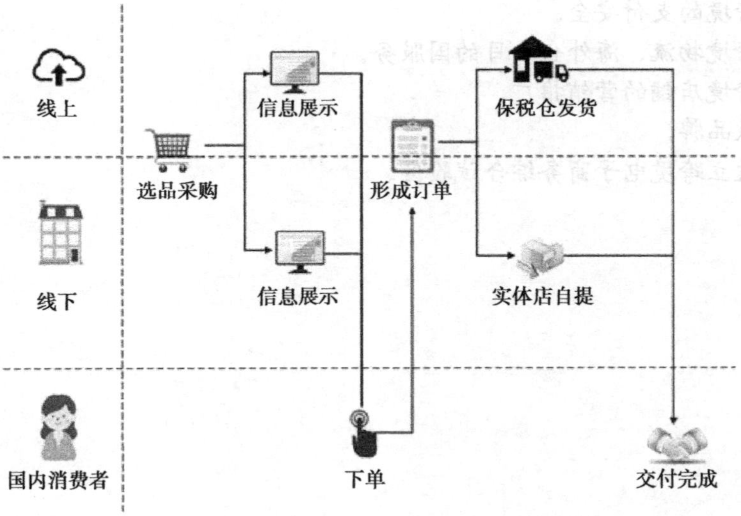

图6-14　线上与线下融合模式

进口跨境电子商务平台的B2C模式在流量、品类方面具有优势，但在招商方面存在难度，需平衡规模和质量。目前大企业数量有限，引入的难度较大，小企业数量较多，但平台对其质量把控较难。B2C模式对平台本身的品牌力、资源力要求较高，并且已经有天猫国际、京东国际等大平台的存在，较不适合创业公司参与。

垂直类B2C平台目前主要集中在母婴、美妆、食品等领域，还有很多未被发掘的领域，比较适合创业公司精细运作。在用户需求的引导下，未被挖掘的垂直品类会给垂直类平台留出机会，相对于大型电子商务创业公司来说更有优势。垂直品类的运作，需要精准而深入。这种切入方法对于大企业来说，同样需要花很大成本，而得到的交易量在初期不会很大，因此它们不会花过多资源培育垂直领域，这会给创业公司留下窗口期。

跨境进口电子商务平台 C2C 模式的优势为产品的丰富性，但正品保障是其发展的难点，平台对卖家的把控力有限，是未来发展需要解决的一个难点。

练一练

经过一周的时间，小龙对跨境电子商务做了比较深入的调查。他了解到，中商产业研究院预测，2022 年，中国跨境电商的销售额将达到 1532 亿美元，我国跨境电子商务开始走向新零售模式，线上与线下融合将成为行业新的发展趋势，未来几年跨境电子商务占中国进出口贸易的比例将会提高到 20%，年增长率将超过 30%。所以说，中国传统外贸的深度转型已经迫在眉睫，而跨境电子商务应该会是未来中国外贸高速增长的引擎。

经过继续调研和研讨，公司决定抓紧时间进行转型。那么，从传统电商转型到跨境电商需要做哪些改变呢？请你帮小龙详细解答如何做好以下转型工作。

第一，跨境平台的选择。
第二，跨境团队建设之传统跨境 B2B 业务员。
第三，跨境商品的选择。
第四，跨境的支付安全。
第五，跨境物流、海外仓和目的国服务。
第六，跨境店铺的营销推广。
第七，做品牌。
第八，设立跨境电子商务综合试验区。

练习题

一、选择题

1.（　）不是跨境电子商务出口平台。

A．阿里巴巴　　B．全球速卖通
C．洋码头　　D．Wish

2.（　）不是跨境电子商务进口平台。

A．天猫国际　　B．网易考拉

C．洋码头　　D．eBay

3．以下（　）是进口跨境电子商务平台模式。

A．以天猫国际为代表的“海外直供模式”

B．以考拉海购和小红书为代表的“海外优选模式”

C．以洋码头为代表的“全球买手模式”

D．以京东国际为代表的“线上与线下融合模式”

4．以下（　）不是全球速卖通的特点。

A．国际版淘宝

B．目前主要以俄罗斯市场为主

C．帮助中小企业接触终端批发零售商

D．上架一个商品都需要单独收费

二、简答题

1．请简述进口跨境电子商务如天猫国际的入驻申请步骤。

2．什么是跨境电子商务？

3．和传统电子商务相比，跨境电子商务的主要难点在于什么？

三、综合实训题

以小组为单位，找一款跨境电商销售的进口产品。要求分别用到 5 个电子商务平台，找到该产品，并将相关信息填写至表 6-3 中。

表 6-3　在 5 个电子商务平台中查找某商品的相关信息

产品名称	平台名称	产品价格	运　费	运输方式	到货时间

请比较一下各平台的特点及优劣。

四、项目实操题

请你以买家身份注册 3 个出口跨境电子商务平台，并购买一款商品，在购买前进行询价。分析这 3 个平台的特点，并撰写一篇约 300 字的总结，以小组为单位进行分享。

五、拓展延伸题

场景种草+跨境电子商务

2019 年 4 月 19 日，《人民日报》发布报道称，艾媒发布的 2018—2019 年中国跨境电子商务市场研究报告显示，2018 年中国跨境电子商务交易规模达到 9.1 万亿元，用户规模超 1 亿人。随着经济全球化趋势增强和中国电子商务行业的迅猛发展，中国跨境电子商务或将迎来新的增长点，未来市场发展前景广阔。小红书、网易考拉、天猫国际等已成为年轻人购买进口商品的主要平台。

在报道中，《人民日报》对小红书、微博的模式表示肯定，称用户推荐的进口商品拉动了消费购买力。中国人民大学博士研究生小耿称："这些兼具分享与购物等功能的平台，在一定程度上激发了我的购买欲。如果平台上有购买链接，我购买的可能性会更大一些。"

这已经不是小红书第一次受到《人民日报》的肯定，此前，《人民日报》曾点赞小红书，称其借着"一带一路"的东风，让人们能以更接近原产地的价格，足不出户享受到全世界的好产品。

这几年，淘宝、抖音等巨头纷纷入局"内容种草"，小红书引领的新模式也得到了消费者和商家的一致肯定。2019年4月，QuestMobile（北京贵士信息科技有限公司）发布的《社交+场景洞察报告》也指出，"人找货"的时代已经过去，未来的时代将是社区社交主导的"货找人"阶段。社交深度融合场景的时代已经开启。

小红书创始人瞿芳在一次演讲中提出：在这个时代，我们正在经历一场从"生活"到"生活方式"的升级，前者是一种满足温饱需求的状态，而后者是一种基于生活的价值主张。对于越来越多的中国消费者而言，消费不再是追求单纯的质量与性价比，而将向生活方式回归。消费，是为了让他们的生活变得更好，更有"幸福感"。

随着经济全球化趋势的进一步加强，跨境电子商务的势头越来越猛，中国消费升级的持续进行，小红书这个新经济独角兽的发展，从目前来看，还远远未达到天花板的程度。当中国现代化进入后半程，小红书所开创的新模式或将成为时代主流。

思考：

1. 请总结一下小红书在跨境电子商务方面的成功因素有哪些。
2. 使用小红书找一款跨境产品，和同学分享一下你的感受。

项目七

电子商务物流

技能目标

能熟练使用淘宝提供的卖家物流工具

掌握智能快递柜的应用

知识目标

掌握电子商务物流的特点

掌握各大物流公司的发展方向

素质目标

培养学生的组织分工与团队合作能力

培养学生的讨论与口头表达能力

培养学生的独立思考与分析能力

建议课时数

4

任务一 物流与电子商务物流

导入案例 7-1

不知不觉，小龙已在EC公司实习了6个月。今天，他被安排到电商物流部进行工作，为了让小龙更快地适应卖家物流工具的使用，经理要求小龙先熟悉合作的物流公司的业务流程。

业主不在家，包裹怎么收？近来，小龙发现自己家的小区内安装的一台中邮速递易智能快递柜刚好能解决这个问题——业主24小时都能自由取件。

中邮速递易智能快递柜，即通过7×24小时自助派件，让消费者随时收取快递的智能终端。截至2019年1月，中邮速递易的业务已遍布全国300个城市，布设的终端设备达9万台（含易邮柜），累计派件量突破22亿件。

消费者对智能快递柜的评分远高于送件上门、快递服务站自提等派件方式。随着生活节奏的加快，人们愈发看重快递的时效性。智能快递柜具备全天24小时自助取件功能，快递员和消费者都可以更自由地选择配送、收货时间，提升了快递投递服务效率，确保了快件的时效性；另外，智能快递柜将快件进行规范存放，寄件人不需要与快递员有面对面的接触，也可以起到保护消费者隐私、人身安全的作用。

案例思考

小龙感慨电子商务物流的飞速发展。通过上述案例，你了解了中邮速递易智能快递柜，除此之外你还知道哪些智能快递柜？你觉得其发展前景如何？

____

____

____

____

一、物流与电子商务物流的区别

物流是为满足客户要求对货物、服务和相关信息在产出地和消费地之间实现流动、储存的智能活动。物流的目标就是在正确的时间将数量正确的物品送到正确的地点。通常企业物流的主要活动包括产成品的运输、仓储、物料搬运、防护包装、存货控制、工厂和仓库选址、订单处理、市场预测、客户服务等。很显然，无论是传统商务还是电子商务，具体业务的运营都不能没有物流的支持。

许多成功的电子商务应用企业都很重视物流服务能力，如亚马逊、京东等，它们为了能够及时响应客户需求建立自己的仓储和配送物流中心，并因此建立自己的竞争优势。在今天的电子商务应用实践中，许多人都认识到了物流的重要性，在未来的商务产业链中，物流服务甚至比电子商务网站还重要。

电子商务与物流之间是互相促进和共同发展的关系。电子商务的优势之一就是能优化业务流程，降低企业运作成本。而电子商务环境下，企业成本优势的建立和保持必须以可靠和高效的物流运作为保证，这也是现代企业在竞争中取胜的关键。

在电子商务环境下，借助电子商务信息平台（包括会员管理、订单处理、产品信息和网站管理），有利于企业提高采购效率，合理地规划配送路线，实现电子商务物流流程和配送体系的优化（见图 7-1）。

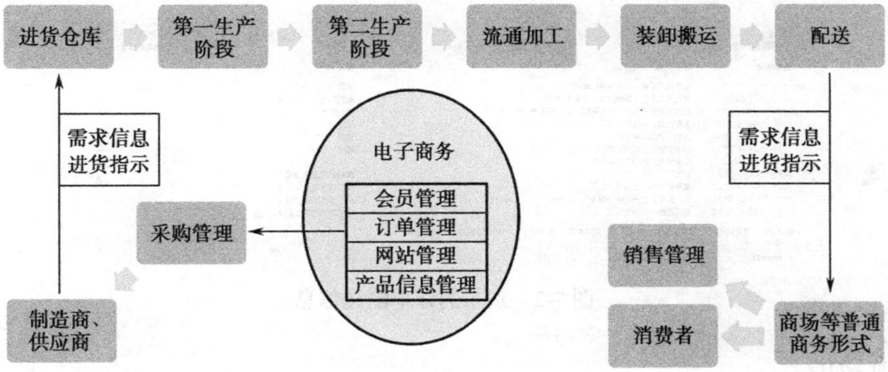

图 7-1　电子商务物流流程

练一练

与传统商务的物流相比较，电子商务物流有哪些明显的优势呢？

二、电子商务物流的特点

1. 信息化

物流信息化表现为物流信息的商品化、信息收集的数据库化和代码化、信息处理的电子化和计算机化、信息传递的标准化和实时化、信息存储的数字化等。

条码技术、数据库技术、电子订货系统、电子数据交换、快速反应及有效的客户反映、企业资源计划等在物流管理中得到广泛应用。没有物流的信息化，任何先进的技术设备都不可能应用于物流领域，因此，信息技术在物流中的应用会彻底改变世界物流的面貌。

例如，在网上完成订货后，很多客户都需要及时的订单状态信息，对订单执行过程进行跟踪管理，这就要求在电子商务物流运作过程中重视物流服务信息化管理，及时甚至实时向客户提供物流服务动态信息，提高客户对电子商务物流服务的满意度。如图 7-2 所示是京东的订单配送信息。

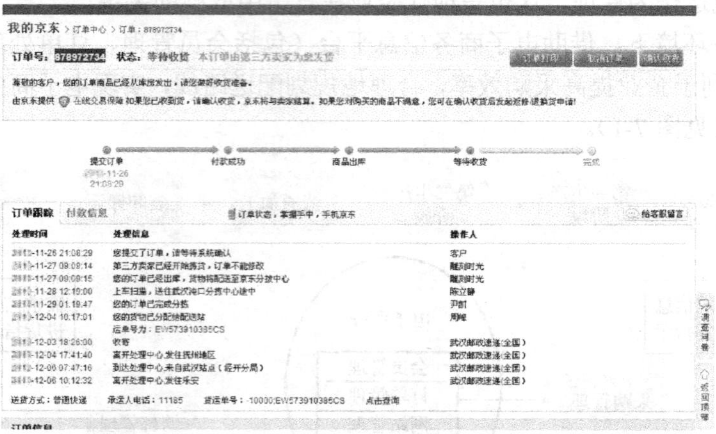

图 7-2　京东的订单配送信息

2. 自动化

自动化的基础是信息化，自动化的核心是机电一体化，自动化的外在表现是无人化，自动化的效果是省力化，自动化可以扩大物流作业能力、提高劳动生产率、减少物流作业的差错等。物流自动化的表现有条码/语音/射频自动识别系统、自动分拣系统、自动存取系统、自动导向车、货物自动跟踪系统等。

案例 7-1

Kiva——亚马逊仓库“最忙碌的员工”

在亚马逊位于美国加利福尼亚州特雷西占地 120 万平方英尺的大型仓库中，最忙碌的身影并不是亚马逊的工人，而是 3000 多台在仓储中心货架迷阵中穿梭不停的 Kiva 仓库管理机器人（以下简称“Kiva”，如图 7-3 所示）。随着电商促销节黑色星期五和网络星期一的来临，它们又要马不停蹄地开始为亚马逊客户处理货物、进行配送准备。

图 7-3　Kiva 在搬运货架

Kiva 呈方形，底部中间有一个可以升降的圆盘，可抬起重达 750 磅（约 340 千克）的货物。亚马逊在全美仓储中心共有 15000 个 Kiva 机器人在运作，相比之前，采用 Kiva 的系统能够提高近 50%的库存处理能力。Kiva 能根据订单将货物所在的货架从巨大的仓库存储区搬运至员工处理区，大大提高了处理效率。之后，分拣人员从 Kiva 搬运过来的货架中挑选客户订单中的货物，进行处理分发。

Kiva 不辞辛劳地搬运货架，在忙碌的假期购物季将发挥更大的作用。

思考

在自动化的物流管理状态下，简单的重复劳动都可以交给机器人工作，从而留给了人们进行分析思考和创造性工作的时间。那么像 Kiva 这样的机器人需要具备什么能力才能“上岗”呢？

课堂随笔

3. 网络化

物流网络化的基础也是信息化，这里指的网络化有两层含义。

一是物流配送系统的计算机通信网络。物流配送中心与供应商或制造商的联系要通过计算机网络，与下游客户的联系也要通过计算机网络，比如配送中心向供应商提出订单这个过程，就可以使用计算机通信方式，借助增值网（Value Added Network，VAN）上的电子订货系统（EOS）和电子数据交换技术（EDI）来自动实现，物流配送中心通过计算机网络收集下游客户的订货过程也可以自动完成。

二是物流组织网络化及所谓的企业内部网（Intranet）。例如，计算机供应商可按照客户订单组织生产，生产采取分散+外包形式，将全世界的计算机资源都利用起来，再将一台计算机的所有零部件、元器件和芯片外包给世界各地的制造商去生产，然后通过全球的物流网络将这些零部件、元器件和芯片发往同一个物流配送中心进行组装，再由该物流配送中心将组装的计算机迅速发给客户，如图 7-4 所示。

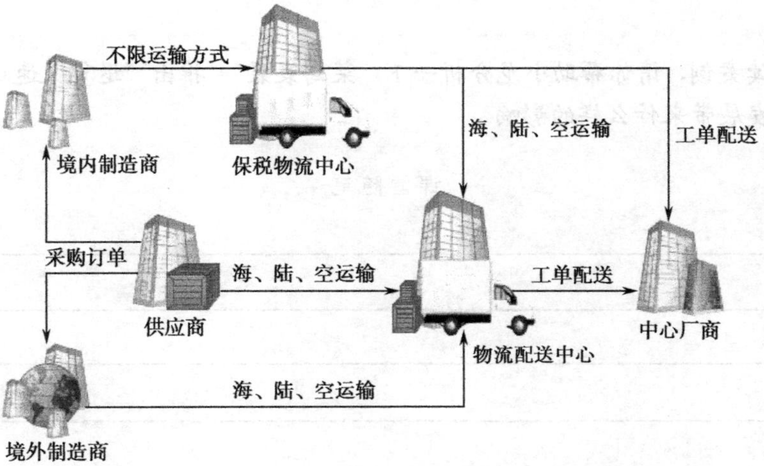

图 7-4　物流组织网络化

物流网络化是物流信息化的必然，是电子商务环境下物流配送活动的主要特征之一。全球网络资源的可用性及网络技术的普及为物流网络化提供了良好的外部环境，物流网络化不可阻挡。

案例 7-2

菜鸟裹裹发布年中寄件报告：上北深排前三

年中是一年中快递量最多的时间之一。2019年6月17日，菜鸟裹裹“年中狂欢寄”上线：1小时上门取快递、0元退换、千万元红包给人们带来躺着寄快递的体验。2019年6月20日，菜鸟裹裹发布年中寄件报告，数据显示，用户寄件量同比增长175%，用户增长130%，平均上门时间已进一步提升为50分钟。

而随着“0元退换”功能上线，对剁手党来说，网络购物更加方便：退、换货都实现了在家轻松躺寄、快递员免费上门。这意味着使用菜鸟裹裹寄快递将更加省时、省心、省钱，更加方便。“躺寄”服务迅速覆盖全国2800多个区县，成为很多人首选的寄件方式。

年中寄件报告显示，一线城市的寄快递需求持续强劲。使用菜鸟裹裹寄件最多的10个城市分别是上海、北京、深圳、广州、杭州、南京、苏州、天津、成都和东莞，且寄件量翻倍增长；前10个省份（直辖市）则是广东、浙江、上海、江苏、北京、山东、福建、安徽、河北和湖北。

“年中狂欢寄”期间，菜鸟裹裹用户人均寄快递1.5～2件；年龄数据显示，“90后”已成为消费主流，使用菜鸟裹裹寄快递的总量最大，其他依次是“95后”“85后”“80后”和“70后”；而“85后”人均寄件量最大，其他依次是“90后”“80后”“70后”和“95后”。

同样，互联网企业也充满了“躺寄青年”，正进行着一场寄件狂欢。热力图显示，华为最能寄，超过接下来的百度、小米2倍，远远领先于美团、腾讯、携程、网易、滴滴、京东、字节跳动等公司。

菜鸟裹裹CEO李江华表示，“年中是一年寄快递需求最多的时间之一，菜鸟裹裹希望让这个时间成为寄件最爽的时间，真正带来千万人的寄件狂欢。”菜鸟裹裹将持续通过数字化方式，同快递伙伴一起，树立在线寄快递新标准，为大家带来更好的服务与体验。

2019年8月23日，菜鸟裹裹上线“退货极速退款”服务。淘宝、天猫用户退货时，只要选择官方推荐的“我要寄件”上门取件极速退款服务，便可坐享在家退货、0秒退款体验。

思考

通过阅读案例，请你帮助小龙分析一下“菜鸟裹裹”推出“退货极速退款”服务将给企业物流发展带来什么样的影响。

课堂随笔

4. 智能化

智能化是物流自动化、信息化的一种高层次应用。物流配送作业过程中大量的运筹和决策，如库存水平的确定、运输搬运路径的选择、自动导向车的运行轨迹和作业控制、自动分拣机的运行、物流配送中心经营管理的决策支持等问题都需要借助大量的知识来解决。

在物流自动化的进程中，物流智能化是不可回避的技术难题。目前，专家系统、机器人等相关技术在国际上已有比较成熟的研究成果，物流智能化已经成为电子商务环境下物流发展的一个新趋势。

5. 柔性化

柔性化原是生产领域为实现“以消费者为中心”而提出的，但要真正做到柔性化，即真正根据消费者需求的变化来灵活调节生产工艺，没有配套的柔性化的物流配送系统是不可能实现的。20 世纪 90 年代以来，生产领域提出的 FMS（柔性制造系统）、CIMS（计算机/现代集成制造系统）、MRP（物资需求计划）、ERP（企业资源计划）等概念和技术的实质就是将生产、流通进行集成，根据客户端的需求组织生产，安排物流活动。

柔性化物流正是适应生产、流通与消费的需求而发展起来的新型物流模式。它要求物流配送中心根据消费需求“多品种、小批量、多批次、短周期”的特点，灵活组织和实施物流作业。

练一练

EC 公司属于 B2C 电子商务企业，而 B2C 电子商务客户具有地域分散化和需求个性化的特点，送货通常也是小批量的，成本要比大批量送货成本高。由此看来，EC 公司的物流配送具有的特点是什么？

三、电子商务物流的模式

1. 自营物流模式

所谓自营物流模式，是指电子商务企业着眼于企业的长远发展，自行组建配送系统，并对整个企业内的物流运作进行计划、组织、协调、控制和管理的一种模式。

目前，自营物流模式主要分为两种类型：一类是资金实力雄厚且业务规模较大的 B2C 电子商务企业，另一类是传统的大型制造企业或批发零售企业经营的 B2C 电子商务网站。选用自营物流可以使企业对物流环节有较强的控制能力，易于与其他环节密切配合，使企业的供应链更好地保持协调、简洁与稳定。

此外，自营物流能够保证供货的准确和及时，保证服务质量，维护企业和消费者间的长期关系。但自营物流所需的投入非常大，建成后对规模的要求很高，只有大规模才能降低成本，否则将会长期处于不盈利的境地。另外，自建庞大的物流体系需要占用大量的流动资金。更重要的是，自营物流需要较强的物流管理能力，建成后需要工作人员具有专业化的物流管理能力。

练一练

小龙想上网了解有哪些企业在采取自营物流模式，如果这些企业都能占得市场优势，是不是证明了 EC 公司也适合采取自营物流模式呢？请你帮助小龙做简单的分析。

2. 物流联盟模式

物流联盟是指物流配送需求企业或者物流企业之间为了提高配送效率，以及实现配送合理化，所建立的一种功能上互补的配送联合体。

电子商务物流联盟模式主要是指多家电子商务企业与一家或者多家物流企业进行合作，或者多家电子商务企业共同组建一个联盟企业为其提供物流服务，为了实现长期合作而组合到一起的方式。

案例 7-3

京东物流 VS 菜鸟联盟：效率与风险能否兼得

之前，快递圈还在争论是直营好还是加盟好；之后，大家都想知道菜鸟联盟对行业来说意味着什么。有意思的是，京东物流与菜鸟联盟的对比，像极了当初顺丰与通达系的差异，如图 7-5 所示。

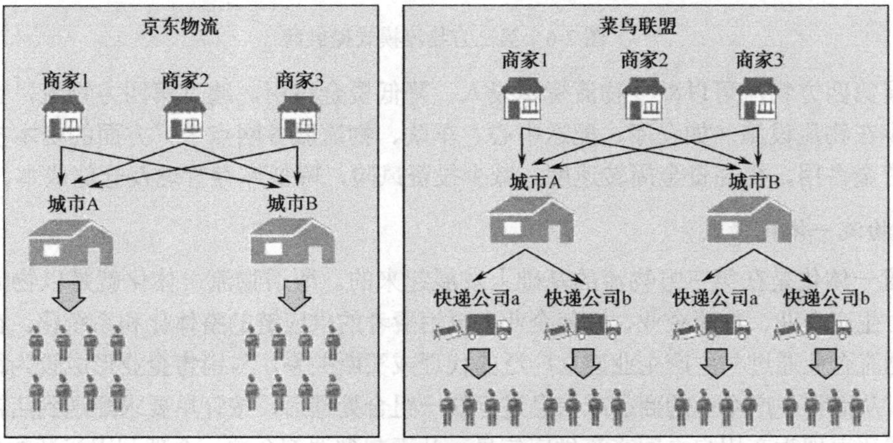

图 7-5　京东物流和菜鸟联盟的对比

同样是网购商品 24 小时到达的理想，京东想的是“自己干”，菜鸟联盟想的是“指挥别人干”，有人认为，二者之间的本质区别在于效率和风险问题的解决。

思考

根据上述案例，请你帮助小龙从效率和风险的角度出发，分析京东物流和菜鸟联盟的优劣势。

课堂随笔

3. 第三方物流模式

第三方物流配送模式以签订合同的方式，在一定时期内将部分或全部物流活动委托给专业的物流企业来完成，这种模式也称为外包物流配送模式。目前，我国的第三方物流模式提供商主要包括一些快递公司（如顺丰、申通、圆通等）和国内邮政体系（如 e 邮宝）两种，如图 7-6 所示。

4. 第四方物流模式

这种模式是指专业化的物流咨询公司应物流企业的要求为其提供的物流系统分析和诊

断，或物流系统优化和设计方案等。从某种程度上说，第四方物流是个大概念，是真正能把众多的、成百上千家第三方物流公司整合在一起的供应链管理型公司。

图 7-6　第三方物流模式提供商

发展第四方物流可以减少物流资本投入，降低资金占用。通过第四方物流，企业可以大大减少在物流设施（如仓库、配送中心、车队、物流服务网点等）方面的资本投入，可以降低资金占用，提高资金周转速度，减少投资风险，降低库存管理及仓储成本。

5. 物流一体化模式

物流一体化是在第三方物流的基础上发展起来的。所谓物流一体化就是以物流系统为核心，由生产企业、物流企业、销售企业直至消费者的供应链的整体化和系统化。在这种模式下，物流企业通过与生产企业建立广泛的代理或买断关系，与销售企业形成较为稳定的契约关系，从而将生产企业的商品或信息进行统一组合处理后，按订单要求配送到店铺。这种配送模式还表现为在用户之间交流供应信息，从而起到调剂余缺、合理利用资源的作用。

在电子商务时代，这是一种相对的完整意义上的物流配送模式，它是物流业发展的高级和成熟阶段。在国内，海尔集团的物流配送模式可以说已经是物流一体化了，并且是一个非常成功的案例。

练一练

为了提升EC公司在物流方面的竞争力，经理要求小龙去考察和比较当当网、京东商城所采用的配送方式等，并在一周后将考察结果以报告形式提交上去。请你帮助小龙搜集表7-1所列问题的答案，并完成这份报告。

表 7-1　当当网和京东商城的物流配送

物流信息	当当网	京东商城
配送方式		
运费		
覆盖范围		

任务二 各大物流公司的现状和发展

导入案例 7-2

小龙在电商物流部工作后，深深地感受到了物流业发展的壮大，也了解到了物流企业间的竞争在日益加剧，那么一些实力雄厚的物流企业要获得优势肯定需要通过各种途径来做大。

为了了解物流企业的发展情况，小龙决定上网查找相关的资料进行学习，比较国内著名的物流企业的业务发展情况。

案例思考

你能帮助小龙吗?

一、三通一达

三通一达是指申通快递、中通快递、圆通速递、韵达快递四大快递企业。

1. 申通快递

申通快递（简称“申通”）创建于 1993 年（成立之初名为盛彤），是国内最早经营快递业务的企业之一。经过多年的发展，申通在全国范围内形成了完善、流畅的自营速递网络，基本覆盖到全国地市级以上城市和发达地区县级以上城市，尤其在江浙沪地区，基本实现了派送无盲区。截至 2020 年上半年，申通共有独立网点 4100 余个，全国四级行政单位（街道、乡镇、团场等）覆盖率达到 80%。

申通主要提供跨区域快递业务，市场占有率超过 10%，使公司成为国内快递行业的龙头企业之一。随着国内快递需求的多样化，公司紧贴市场，不断进行产品创新，在继续提供传统快递服务的同时，也在积极开拓新兴业务，包括电子商务物流配送服务、第三方物流和仓储服务、代收货款业务、贵重物品通道服务等，已经成为国内重要的电子商务物流供应商。

2. 中通快递

中通快递（简称“中通”）创建于2002年5月8日，是一家集物流与快递于一身、综合实力位居国内物流快递企业前列的大型集团公司，截至2019年6月30日，中通约有服务网点3000个、分类拣选中心87个、网络合作伙伴4650家、长途车辆数量超过4950辆，干线运输线路超过2200条。

中通的成立时间晚于申通、韵达与圆通。而在2014年，中通便超越韵达、申通和圆通，成为快递行业业务量规模第一名。

持续领先的规模与优秀的管理，使中通的成本也持续保持较低水平。2018年，中通单件快递的运输+转运成本仅为1.05元，成为行业最低。

2019年3月13日，中通发布2018年财报，全年完成包裹量逾85亿件，同比增长37.1%，连续3年超越通达系的老前辈申通和圆通，高居行业第一；中通的营业收入达到176亿元，调整后的净利润达到42.01亿元，同比增长30.1%。

3. 圆通速递

圆通速递（简称“圆通”）成立于2000年5月28日，是国内大型民营快递品牌企业，致力于成为“引领行业发展的公司”。截至2020年上半年，圆通在全国范围内拥有自营枢纽转运中心73个，自全网干线运输车辆超5000辆。公司开通了我国港澳台和中东、东南亚专线服务，并在香港注册了Cats Alliance Express（CAE）公司，开展国际快递业务。

4. 韵达快递

韵达快递（简称“韵达”）是集快递、物流、电子商务配送和仓储服务于一体的全国网络型品牌快递企业，创立于1999年，服务范围覆盖国内31个省（区、市）及港澳台地区。

韵达紧紧围绕“主动服务，以客户为中心”的服务理念，将网络信息平台、大数据平台、自动化和智能化设备与业务深度融合，通过揽件响应、车货匹配、智能路由、运输可视化管理等智慧场景化应用，在全链路进行高水平的时间管理和服务管理，保障快件时效、损坏率、遗失率等多项服务指标合格，并达到行业领先水平。

依托于淘宝，“三通一达”等在中低端快递市场的竞争日益激烈，快递服务也同质化严重，快递单价在竞争中逐渐降低，利润空间下滑。激烈的竞争也提高了我国快递行业的进入壁垒。

当下通达系快递企业已经建立了完善的配送网络，市场集中度越来越高，小型企业进入市场的生存空间受到挤压，基本没有崛起的可能性。

依托淘宝和天猫自身所具有的流量优势，菜鸟平台自诞生起就吸引了行业的注意力。菜鸟基于大数据建立了仓配网络，虽然不直接运营快递公司，但菜鸟拥有很强的掌控力度，削弱了通达系等快递企业在物流配送中的重要性。

在菜鸟联盟中，菜鸟扮演了分配的角色，作为联盟的重要组成部分，通达系快递承运了联盟内约70%的订单。

案例 7-4

快递+新零售，三通一达能玩出什么新花样

快递企业做零售，近年来越来越多见。中国邮政、顺丰、三通一达等众多快递公司都开展了零售业务，甚至演变成行业趋势。

2018 年 2 月，中通商业与考拉便利达成战略合作，正式入局无人货架市场，成为顺丰之后第二家布局无人货架的快递公司。

中通以较低调的方式参与零售领域的布局，不过中通在新零售领域的可能性依然很大。在 2019 年 5 月 29 日，阿里巴巴、菜鸟等以 13.8 亿美元的投资"入伙"中通。中通并没有直接做零售业务，起的是阿里新零售物流布局里的基础设施的作用。

2016 年，圆通为了增加配送站点，建立了妈妈驿站，承担收发快递的功能。截至 2020 年 11 月底，妈妈驿站已超 4 万家。

中通的零售业务主要通过快递+助农模式的"城乡优购"提供供应链服务；以"攀果鲜"为品牌开设线下实体店；以"巨商 U 客"平台发展线上渠道。中通不仅做 C 端的零售、外卖配送，还为周边的餐饮、KTV、食堂提供水果、肉类、蔬菜、调料的批发配送。线上平台"巨商 U 客"的定位不仅是一个零售平台，还开设同城配送、直销、二手、招聘等业务。

思考

通过阅读以上案例，小龙在想，快递和电子商务的业务能否充分融合呢？请你为他分析一下。

课堂随笔

二、顺丰速运

顺丰速运（简称"顺丰"）由王卫于 1993 年成立，总部设在广东省深圳市，是一家主要经营国内、国际快递及相关业务的服务性企业。自成立以来，顺丰始终专注于服务质量的提升，不断满足市场的需求，在中国（包括港澳台地区）建立了庞大的信息采集、市场开发、物流配送、快件收派等业务机构，建立了服务客户的全国性网络；同时，积极拓展国际件服务，开通新加坡、韩国、马来西亚、日本、美国等国家和地区的业务。

长期以来，顺丰不断投入资金加强公司的基础建设，积极研发和引进具有高科技含量的信息技术与设备，不断提升作业自动化水平，实现了对快件流转全过程、全环节的信息监控、跟踪、查询及资源调度工作，促进了快递网络的不断优化，确保了服务质量的稳步提升，奠定了业内客户服务满意度的领先地位。

2013 年 5 月，顺丰涉足服饰物流，并推出了针对服饰行业的供应链解决方案。2014 年初至今，顺丰不但完成了服装、电子、汽车配件的仓储及配送，而且目前正在开展冷链的仓储和运输，其中包括医药和生鲜。2017 年 11 月，顺丰正式涉足无人货架领域，主要在商业客户物流服务的基础上，提供多方位的其他衍生服务，增强客户黏性，如借助"丰 e 足食"发挥顺丰小哥的力量，让其成为货架的店主，为货架提供商品配送服务，承担店铺的运营和管理。2018 年 11 月，顺丰宣布升级"丰 e 足食"项目，推出企业服务业务，以货架业务为切入点，为企业提供零食集采、行政采购、员工团购、员工福利等服务。截至 2020 年 10 月底，"丰 e 足食"项目已进入 28 个城市，累计注册用户超过 1000 万名。

案例 7-5

顺丰优选的前景

早前，电子商务与物流两个行业间的融入关系是，电子商务企业做大做强的同时慢慢发展了自己的专业物流队伍，比如京东商城的物流、苏宁易购的物流，再慢慢做大，成为第三方物流企业；而顺丰则与京东商城和苏宁等完全相反，是先建立自己的物流，并在此基础上进军电子商务领域。

顺丰旗下电子商务网站——顺丰优选于 2012 年 5 月 31 日正式上线，定位为以全球的优质、安全美食为主的网购商城，从事进口食品、水果、酒及其他物品的销售及配送，专注高端食品，面向中高端客户群体服务；产品覆盖母婴食品、营养保健品、粮油副食、酒水饮料、冲调茶饮、休闲零食、饼干点心、生鲜食品、特色时令产品和美食用品。

如今的顺丰优选主打生鲜，同时增加了跨境进口商品。

此外，顺丰还布局了"丰 e 足食"无人货架业务，并于 2018 年在重庆开了一家名为"Wow 哇噢"的全球精选店，之后还与海关、保税区共同推出"丰溯 GO""保税+社区新零售"项目。

可以说，顺丰在零售领域的探索与尝试心存"执念"。只不过快 10 年过去了，无论是线下门店、生鲜电商还是跨境电商，都没能交出非常亮眼的成绩单。

思考

你如何看待快递行业进军电子商务的潮流？顺丰优选对物流服务的要求是怎样的？为什么顺丰优选没能取得好成绩？

课堂随笔

三、中国邮政速递物流

中国邮政速递物流主要经营国内速递、国际速递、合同物流等业务。国内、国际速递服务涵盖卓越、标准和经济 3 个不同时限水平和代收货款等增值服务，合同物流涵盖仓储、运输等供应链全过程。拥有享誉全球的 EMS 特快专递品牌和国内知名的 CNPL 物流品牌。

EMS 即邮政特快专递服务，是由万国邮政联盟管理、由中国邮政提供的一种快递服务，主要采取空运方式，加快递送速度，一般来说，根据地区远近，一般 1～8 天到达。该业务在海关、航空等部门均享有优先处理权，以高速度、高质量为用户传递国际、国内紧急信函、文件资料、金融票据、商品货样等各类文件资料和物品。2019 年 9 月 17 日，国家邮政局局长马军胜表示，中国邮政的 EMS 业务已与世界上 200 多个国家和地区建立了业务关系。另外，国内已有近 2000 个大、中、小城市办理 EMS 业务。

练一练

小龙上网浏览顺丰优选官网和通通优品官网，想对比这两个电子商务网站的业务情况。你认为哪个物流公司经营的电子商务网站更具优势？为什么？请你帮小龙进行分析和比较。

实际上，中国物流企业的市场空间很大，很有发展潜力，但是如果我国的快递业竞争力不强，巨大的市场就会被跨国公司抢占去。我国的快递要获得更优的发展，不妨借鉴国际快递巨头的做法，尤其是它们在经营理念和获取利润的方式上，不断细分市场，将内部资源集中到核心竞争力（知识、信息及服务能力）上，通过单一渠道，向客户提供一整套全面的物流和快递解决方案，从文件速递到为客户管理复杂的供应链，这正是物流企业的价值所在。在快递市场达到充分竞争状态后，这将会成为未来快递物流公司持续增长和盈利的趋势。

我国物流企业的发展趋势主要依靠整个行业的发展而逐步提高。为使物流企业尽快向规范的市场体制转化，我国目前应着重在统一的物流行业大市场的建立、物流行业与资本流通及劳动力流通的关系、有形物流行业和无形品牌建立的统一等几个方面进行改革和不断完善。

任务三　智能物流设备的运用

智能物流是指物流过程的智能化，它以信息交互为主线，使用条形码、射频识别、传感器、全球定位系统等先进的物联网技术，集成自动化、信息化、人工智能技术，通过信息集成、物流全过程优化及资源优化，使物品运输、仓储、配送、包装、装卸等环节自动化运转并实现高效率管理。它能够有效提高企业的市场应变能力和竞争能力，为客户提供快捷、方便、准确的服务，同时降低成本，减少自然资源和社会资源的消耗。

智能物流是大势所趋。经济新常态和产业升级背景下，人工、土地、仓储、租金成本不断上涨，物流业作为“第三利润源”的战略地位凸显，智能物流技术和设备的优势逐渐显现。

一、智能物流设备

自动化系统通常固化处理信息的程序，按照事先的设定对外部信息进行判断和处理，智能功能有限。智能物流系统使用自动化技术、信息技术、人工智能技术，不但具有自动化系统的功能，还具备对系统程序进行适应性修改的能力，可以在一定程度上实现无须人工干预即可自动达成特定操作。

智能物流是“工业 4.0”的重要组成部分。“工业 4.0”的四大主题为智能工厂、智能生产、智能物流、智能服务。智能物流有 3 个核心要素，分别是智能单元化物流技术、智能物流设备及智能物流信息系统。

智能物流设备是智能物流的基础。智能物流设备的基础是自动化，在此基础上再集成感知传感、信息化、人工智能等技术实现智能化。智能物流设备包括自动化仓库系统、自动化搬运与输送系统、自动化分拣与拣选系统、自动信息处理与控制系统等，代表性产品有自动导引车、穿梭车、堆垛机、输送机、分拣机等。

智能物流设备产业链分为上、中、下游 3 个部分。上游为智能物流设备行业和物流软件行业，分别提供物流硬件设备（输送机、分拣机、自动导引车、堆垛机、穿梭车、叉车等）和相应的物流信息软件系统（仓储管理系统、仓储控制系统等）；中游是智能物流系统集成商，根据行业的应用特点使用多种物流设备和物流软件，设计建造物流系统；下游是应用智能物流系统的各个行业，智能物流系统在烟草、医药、汽车、电子商务、快递、冷链、工程、机械等诸多行业都有应用。

二、新智能物流设备

在智能物流体系建设过程中，需要智能设备及物联网、视觉识别、大数据分析、云计算、机器学习等先进技术的支持。如今主要应用的新智能物流设备如下。

1. 全自动贴盖机

全自动贴盖机用于印制线路板屏蔽盖的贴放、压紧和组装，适用于手机、消费类电子产品中的屏蔽盖组装工艺，能满足标签贴附、组装工艺。

2. 智能料架

智能料架是专为电子贴片行业设计的智能料盘存储设备，在模块化的结构型货架上加装智能亮灯引导设备，通过系统控制亮灯，为拣货、配货人员提供精准、快速、清晰的指示，能有效提高作业效率，降低出错率。

智能料架的SMD（表面贴装技术）物料管理系统具有如下特点。

（1）单卷管理，方便追溯；

（2）灯光引导，找料快捷；

（3）密集存储，节约空间；

（4）可与制造执行系统和企业资源计划对接。

3. 智能仓储设备

智能仓储系统是由立体货架、有轨巷道堆垛机、出入库输送系统、信息识别系统、自动控制系统、计算机监控系统、计算机管理系统，以及其他辅助设备组成的智能化系统。系统采用一流的集成化物流理念设计，通过先进的总线控制、通信和信息技术应用，协调各类设备的动作，实现自动出入库作业。

智能仓储设备（见图7-7）具有高效、高柔性、高速、低空间比等特点。如全自动智能SMD储柜、智能SMD方形储柜都属于智能仓储设备。由SmartServer服务器系统软件控制智能仓储设备，实现统一管理和统一配置。此外，可根据客户要求实现智能仓储软件功能的定制化服务。

图7-7　智能仓储设备

4. 智能叉车

智能叉车（见图7-8）由叉车、调度系统、管理系统、导航系统、自主充电系统、无线通信网络和数据采集系统组成，具备以下应用特点。

（1）智慧高效：最优的任务调度，最短的运行路径，最小的空间需求。

（2）精益管理：工位需求的智能呼叫，对产能的精确管理。

（3）信息互联：完备的数据统计，简便的系统接入。

（4）智能移动。

图 7-8　智能叉车

用智能叉车来替代人员搬运，将人从搬运作业中解脱出来。智能叉车将货物运送到指定的上料机或下料机上面，实现从物料入仓到生产线再到成品入仓出货的物流运输智能化和无人化。它具有定位精度高、实用性强、输送方式灵活等特点，定位精度高达±5mm，无须任何施工和外设装置，可以智能应对车间的不同高度进出料需求。它具有无须培训即可轻松操作的特点，有针对性地开放部分端口和支持第三方命令，以方便集成开发。

5. 智能无人搬运车

智能无人搬运车（见图 7-9）可以与其他物流设备自动对接，实现自动运送物料上线作业。此外，智能无人搬运车柔性好，自动化程度和智能化水平高，行驶路径可以根据仓储货位要求、生产工艺流程等的改变而灵活改变，并且运行路径改变的费用与传统的输送带和刚性的传送带相比非常低廉。

图 7-9　智能无人搬运车

6. 智能拣选机器人

智能拣选机器人（见图 7-10）能自动完成零件自动拣选，提高分拣效率。在柔性化的生产现场，物料需要排序，智能拣选机器人自动抓取零件后放在料架上，并按照生产计划排好顺序，最后由自动导引车将料架拖至线边，实现了零件拣选及上线无人化。

图 7-10　智能拣选机器人

7. 智能物流系统

无论使用什么智能设备，都需要智能物流系统来进行管控。智能物流系统负责对智能物流设备之间和智能物流设备和生产设备之间的衔接，起承上启下的作用。它以物联网技术为基础，按约定的协议，将被处理对象与互联网相连接。

除此以外，还有其他自动化设备来实现物料的自动扫描、自动打包等，以更好地提升整个物流操作流程的效率。

案例 7-6

中国快递进入一天 10 亿个的时代：下一程是共筑智能物流骨干网

2018 年天猫“双 11”又创多项纪录。2018 年 11 月 11 日 23 时 18 分 09 秒，天猫“双 11”物流订单超过 10 亿个，全天达 10.42 亿个。这是一个历史性的跨越，宣告中国快递进入一天 10 亿个的新时代。

2018 年天猫“双 11”期间，菜鸟通过对商家分层实现精细化管理，再通过智能分仓帮助商家更准确地备货，做到资源优化，加快库存周转。

在菜鸟网络总裁万霖看来：“面对新的峰值体量，靠任何一家物流公司都不可能完成，全行业必须在智能物流骨干网的协同下一起应对，才能保障天量包裹高效送达。”10 亿个快递，无疑是在智能物流骨干网协同下，全行业资源优化的一次大考和依托物联网技术的一场物流大练兵。

马云在 2018 年的全球智慧物流峰会上表示：“菜鸟要全力以赴建设国家智能物流骨干网，把物流成本占 GDP 的比重降到 5%以下，通过智能、协同为制造业创造利润空间，这是菜鸟和物流行业应该为国家做的事情。阿里巴巴和菜鸟将投资上千亿元甚至数千亿元来做这件事情。”

但降低成本不能只依靠单点配送站的连接，毕竟对于物流行业来说，单点的强大是远远不够的，只有将仓储、干线、末端、车辆、人员、包裹、门店等全物流要素连接成一张网络，然后通过叠加人工智能和算法，提升这张网络的智能化水平，才能最终实现为商家和消费者创造商业效率和极致体验的目标。

而与平台自建物流不同，菜鸟在智能物流骨干网当中主要担任物流网络的“大脑”，通过对线上消费和线下物流进行信息连接，将实现物流行业全面的数据化和智能化。同时，菜鸟作为新物流生态系统的中枢，其驱动新业态的价值也将得到充分释放。

思考

中国快递进入一天10亿个的新时代，实现物流行业全面的数据化和智能化的作用是什么？

课堂随笔

练习题

一、选择题

1．下列选项中，不属于电子商务物流的特点的是（　　）。

A．智能化　　B．人工化　　C．网络化　　D．柔性化

2．下列关于物流一体化的含义，正确的是（　　）。

A．指专业化的物流咨询公司应物流企业的要求为其提供物流系统分析和诊断，或物流系统优化和设计方案等

B．指物流配送需求企业或者物流企业之间为了提高配送效率及实现配送合理化，所建立的一种功能上互补的配送联合体

C．指电子商务企业着眼于企业的长远发展，自行组建配送系统，并对整个企业内的物流运作进行计划、组织、协调、控制和管理的一种模式

D．以物流系统为核心，由生产企业、物流企业、销售企业直至消费者的供应链的整体化和系统化

3．下列选项中，属于智能快递柜的主要应用领域的是（　　）。

A．运营商　　B．京东商城　　C．快递行业　　D．超市

4．下列电子商务企业中，采用了自营物流方式的公司是（　　）。

A．京东商城　　B．淘宝　　C．海尔　　D．国美

二、简答题

1．电子商务与物流的关系如何？

2．请简述各大物流公司的发展现状。

3．请简述有哪些新智能设备应用到物流系统。

三、综合实训题

“双 11”即将来临，为了避免发货延迟和运费过高，EC 公司电商物流部打算选择最优的物流方式，于是经理让小龙登录各物流公司的网站，详细分析各物流公司的优点和缺点，并选出最合适的物流公司进行合作。

你帮小龙把各物流公司的优点和缺点填写于表 7-2 中吧。

表 7-2　各物流公司的优点和缺点

物 流 公 司	优　　点	缺　　点

四、项目实操题——淘宝卖家物流工具的使用

“双 11”即将来临，EC 公司收到的订单逐渐增多，经理要求小龙完成公司的发货，请你帮助小龙完成下列淘宝卖家物流工具的操作。

1．新增运费模板（见图 7-11）。

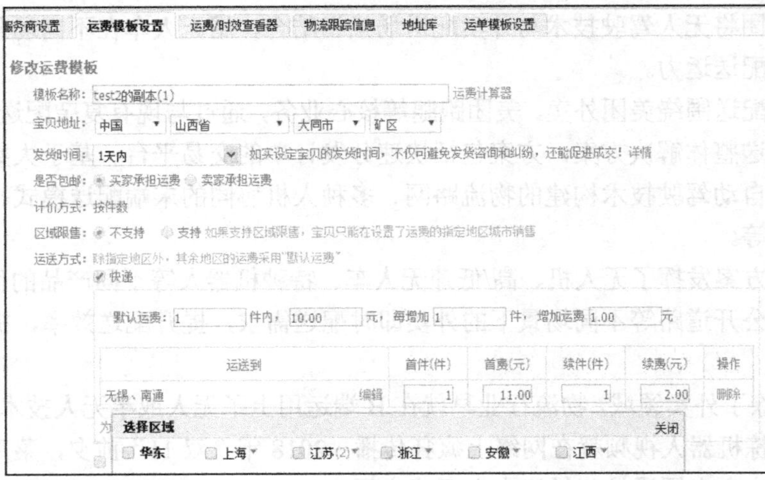

图 7-11　新增运费模板

2．商品卖出后进行“我要寄快递”操作。

五、拓展延伸题

物流配送机器人：智慧物流下的新主角

收货、拣货、规划路线、引导工人快速找到包裹、找到指定区域、将包裹准确送到目的地，2019 年世界机器人大会展会上，物流机器人正在展示自己的看家技能。随着 5G、

物联网、人工智能等前沿技术的爆发和应用，各种机器人、智能设备正在走进传统产业，在推动行业急剧变革的同时影响着人们的生活。

物流领域的无人化运用早已不是新鲜事，2019年世界机器人大会上出现了不少新的智能物流设备。《北京商报》记者发现，此次物流机器人展区，包括美团、京东物流、Geek+（极智嘉）、灵动科技、九号机器人、未来机器人、凯乐士科技、哥伦布物流、天津朗誉科技、北京智行者科技在内的多家企业都展出了不少物流相关机器设备，而将与消费者接触较多的配送机器人颇受关注。

其中，行深智能展出了多功能性末端物流无人车。据现场工作人员介绍，该无人车除了可以解决末端配送方面的需求，还可以根据场景自行转换使用功能，如外卖配送、快递配送、移动便利店等。

当下，无人配送是物流企业研发机器人时的重点领域。据悉，京东物流成立了京东机器人教育学院，并在展会上展出了无人机、无人车、配送机器人等多个设备。

美团在展会中首次推出新版美团中型无人配送车“魔袋”。据了解，新版魔袋设计了动态货柜，支持从两个出餐口进出餐箱，还支持人脸识别、语音交互等多种交互方式；在安全性上，强化了行人交互，车身四面都设计有提示屏和提示灯，以便于行人正确判断其行驶路径。

随着互联网和技术的发展，人工智能、无人驾驶很快就会出现在每个人的身边，这些高科技产品与现实场景结合，正在成为使人们的生活更加便利的重要工具。

以外卖行业为例，适龄劳动力减少与日益增长的外卖配送需求相矛盾，配送机器人的出现或许能解决外卖行业人力短缺的难题。

美团相关负责人表示，为了更好地提升以外卖为代表的配送服务效率，提高消费者体验满意度，美团将无人驾驶技术与外卖配送场景相结合，用无人车在不同场景下配合外卖配送员，补充配送运力。

美团无人配送围绕美团外卖、美团跑腿等核心业务，通过与现有复杂配送流程的结合，形成了无人配送整体解决方案。方案包括快速分发订单的交易平台、基于大数据优化的调度系统、利用自动驾驶技术构建的物流路网、多种人机协同的末端配送模式、形式多样的智能配送终端等。

智能配送方案发挥了无人机、高/低速无人车、特种机器人等不同产品的优势，满足在楼宇、园区、公开道路等不同场景下的外卖即时配送需求，提升配送效率，提高消费者体验满意度。

实际上，除了外卖领域，物流行业早就在B端运用上了无人或半无人技术。例如，2017年，申通的分拣机器人视频就在网络上疯狂传播；2018年“双11”前夕，菜鸟与圆通的超级机器人分拨中心在圆通杭州转运中心正式启用。

在分拨中心内，机器人可自动根据包裹不同的流向，将包裹运到对应区域。包裹到达指定位置后，机器人会将包裹倒入格口，顺着通道从二层滑到一层的包裹装运区，完成整个过程仅需十几秒。

2018年2月，京东智慧配送站也在西安落成并投入使用，货物在无人配送站内部经过中转分发后，由配送机器人完成自动装载，驶出无人配送站并送至指定地点。除了末端配送环节，京东还在西安建设了高智能化物流中心——亚洲一号。

业内专家表示，把人力分拣的工作交由机器人操作，人工负担大为降低，分拣效率和准确率大幅度上升，降低了企业成本。但无人技术在物流行业的发展仍处于初步阶段，还无法应对复杂场景，如暴雨天气引发路面积水时，无人车就难以完成配送。不过随着政策的开放和技术的成熟，无人技术在未来或将部分代替人工运输。

思考：

1. 请总结一下配送机器人能解决什么问题。
2. 查找资料，看看各公司研发的配送机器人有什么亮点。

项目八

电子商务支付与安全问题

技能目标

熟悉各种电子商务支付方式

了解电子商务安全问题

知识目标

掌握电子商务支付方式

掌握电子商务安全问题

素质目标

培养学生的组织分工与团队合作能力

培养学生的讨论与口头表达能力

建议课时数

6

任务一　电子商务支付方式

导入案例 8-1

小龙从实习生转为正式员工了，最后定岗在电商运营部。部门经理想使用不同的平台进行电子商务活动，也想把公司现有的 PC 端网络销售业务转移到手机端 App，要求小龙先进入 App 开发小组。

传统的电子商务交易都是在 PC 端进行的，但 PC 端交易额度每年都在下降，碎片化时代的到来，使得更多的消费者喜欢用手机来购物。移动电商成了新时尚，购物类 App 是移动电商中体验效果最佳、用户黏性最高的方案。

有数据显示，中国的移动支付用户规模逐年增长。2019 年，中国移动支付用户规模达到 7.33 亿人。2019 年 5 月，中国电子商务大会在北京举行，小米集团创始人、董事长兼 CEO 雷军在开幕式上做了主旨演讲，分享了他对于电子商务的核心看法及小米取得成功的原因。

小龙很认真地观看了 2019 年中国电子商务大会的视频，边看边在本子上记录：电子商务的核心是效率，小米在过去两年的时间里，从研发到制造，到市场，到销售的环节，费用率一直控制在 8%～9%；把消费者当成朋友，设计时多从消费者的角度考虑，使用安全、支付便捷，提供感动人心、价格公道的好产品。

在 App 开发过程中，小龙发现支付这个步骤值得思考，选择自主开发支付工具的话费用高昂，选择第三方支付的话受限颇多。从消费者的角度考虑，既要便捷，又要符合大多数消费者的电子支付习惯，还要考虑支付成本转嫁带来的价格问题。请你帮小龙把网络支付类型再好好研究一下，尤其是移动支付的方式和报价。

案例思考

你知道移动支付有哪些方式吗？它们都是怎样收取费用的？

随着时代的变迁，人们的生活发生着天翻地覆的改变。古时候，分隔两地的人们联络要靠信使，而现在我们只需要一个号码或者一根网线；19 世纪，人们使用的光源还是古老的蜡烛，而现在我们有了无处不在的电灯；几百年前人们的交通工具还在依赖马匹、木船，如今上有飞机，下有地铁；十几年前去购物要带着厚厚的钱夹，而现在付款只需要简简单单的电子支付，如图 8-1 所示，而这一切都是为了便捷。

所谓电子支付，是指以电子计算机及其网络为手段，将负载有特定信息的电子数据取代传统的支付工具用于资金流程，并具有实时支付效力的一种支付方式。

电子商务支付系统是指在电子商务活动中，消费者、商家和金融机构之间使用安全的电子手段交换商品或服务，即通过网络把新型支付手段安全地传送到银行或相应的处理机构来实现电子支付，是融购物流程、支持工具、安全技术、认证体系、信用体系及现代金融体系为一体的综合大系统。主要支付方式有信用卡、数字现金、电子支票、智能卡、电子钱包、网上银行、刷脸支付等。

图 8-1　电子支付

一、信用卡

信用卡是银行或金融机构发行的，授权持卡人在指定的商店或场所进行记账消费的信用凭证，是一种特殊的金融商品和金融工具。信用卡可以证明持卡人身份，它的信息记录功能对于网络购物来说十分方便。其网上交易流程如图 8-2 所示。

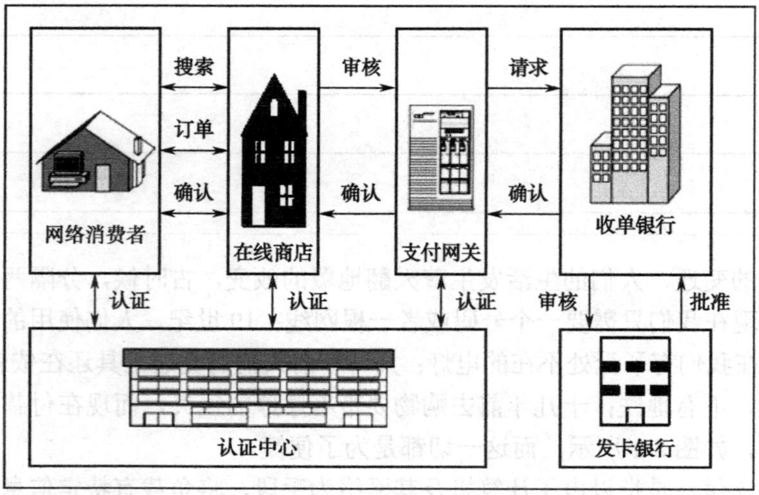

图 8-2　信用卡网上交易流程图

二、数字现金

数字现金又称电子现金，是一种以数据形式流通的、能被消费者和商家接受的、通过互联网购买商品或服务时使用的货币。电子现金是以电子方式存在的现金货币，其实只是代表价值的数字。这是一种储值型的支付工具，使用时与纸币类似，多用于小额支付，可以实现脱机处理。按其载体来划分，电子现金主要包括两类：一是币值存储在IC卡上，另一类是以数据文件形式存储在计算机的硬盘上。数字现金的表现形式有两类：预付卡和纯电子系统。

知识链接

SET支付是安全电子交易的简称，是一个为了在互联网上进行在线交易而设立的开放的、以电子货币为基础的电子付款协议标准。SET的安全措施主要有对称密钥系统、公钥系统、消息摘要、数字签名、数字信封、双重签名、认证等技术。其中，消息摘要主要解决信息的完整性问题，即是不是原消息、是否被修改过；数字信封是用来给数据加密和解密的；双重签名是将订单信息和持卡人账户信息分别进行数字签名，保证商家只看到订单信息而看不到持卡人账户信息，并且银行只能看到持卡人账户信息，而看不到订单信息。

三、电子支票

电子支票是一种借鉴纸张支票转移支付的优点，利用数字传递将钱款从一个账户转移到另一个账户的电子付款形式。电子支票主要用于企业与企业之间的大额付款，一般通过专用的网络、设备、软件及一整套的用户识别、标准报文、数据验证等规范化协议完成数据传输，从而保证安全性。

电子支票具有以下优点。

（1）电子支票可为在线支付提供便利。电子支票的资金从消费者开户银行账户经过支票处理系统转移到第三方支付公司的银行账户，无须经过VISA卡和Master卡的清算通道，减少了中间环节。

（2）电子支票的运作方式与传统支票相同，简化了消费者的学习过程。

（3）电子支票非常适合小额结算；电子支票的加密技术使其基于非对称的系统更容易处理。

电子支票的支付成功率很高，其支付是实时的资金转移，只要消费者输入的电子支票账户信息正确且账户有钱就可以支付成功。

值得注意的是，电子支票尚未在我国普及。

四、智能卡

智能卡最早于20世纪70年代中期在法国问世。它类似于信用卡，但卡上不是磁条，而是计算机芯片和小的存储器，如图8-3所示。

智能卡的应用范围是电子支付、电子识别和数字存储。

存储在智能卡上的钱是以一种加密的形式保存下来的，而且由一个口令保护，以保护智能卡解决方案的安全性。为了用智能卡支付，必须将卡插入一个硬件终端设备中，该设备需要一个来自发卡银行的特殊密钥来启动任一方向的货币划拨。

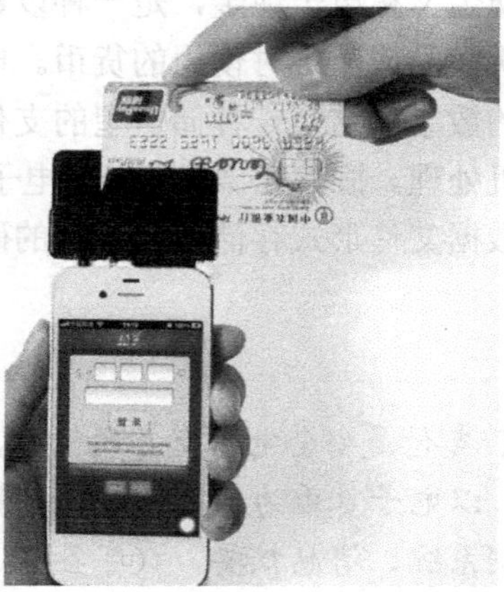

图 8-3　智能卡

案例 8-1

音频 U 盾

中国工商银行是中国资产规模最大的商业银行之一。为了全面提高移动网上银行服务的安全性及易用性，中国工商银行采购了飞天诚信的音频 U 盾，将其作为电子渠道安全体系的一个重要组成部分，为其电子渠道提供身份认证服务。

该音频 U 盾的基本情况如下。

（1）支持 iOS/Android/Windows Mobile 等手机操作系统，对计算机操作系统的支持情况和二代 U 盾一致。

（2）支持标准 3.5mm 耳机接口和 Micro-USB 接口。

（3）可进行硬件交易报文解析，具备“所见即所签”的安全特性。

（4）支持 PKI（公开密钥基础设施）体系，具备大容量存储空间。

（5）主要用于保护手机银行/网上银行的系统安全。

通过飞天诚信的音频 U 盾产品对电子渠道系统的账号和关键交易业务进行保护，有效地防止了电子渠道系统因被窃听、拦截、身份冒用等引起的各种安全问题，保护了用户的根本利益，从技术的角度打消了用户对电子渠道安全性的顾虑，增强了用户使用各电子渠道办理相关业务的信任度，有助于吸引更多的用户使用电子渠道完成相关业务，减低电子渠道业务的运营风险，提高经济效益，促进中国工商银行的电子渠道业务安全、稳定、健康发展。

图 8-4 所示为中国工商银行使用过的部分身份认证工具。

思考

1. 银行采用 U 盾的原因是什么？
2. 请说说 U 盾的优缺点。

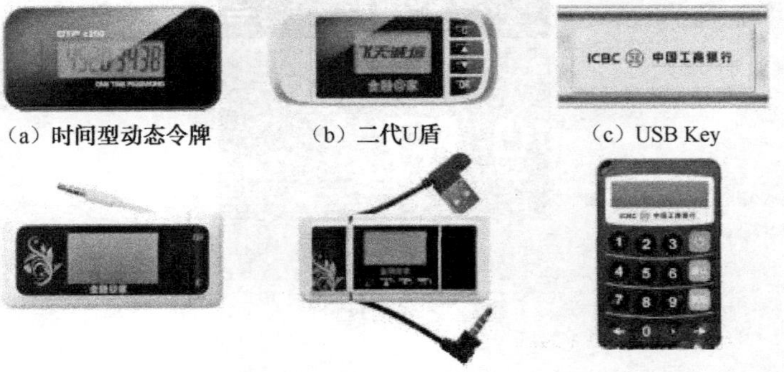

（a）时间型动态令牌　（b）二代U盾　（c）USB Key

（d）音频U盾　（e）挑战应答型动态令牌

图 8-4　中国工商银行使用过的部分身份认证工具

课堂随笔

五、电子钱包

电子钱包是电子商务活动中常用的支付工具。在电子钱包内存放的是电子货币（如电子现金、电子零钱）、电子金融卡等。

使用电子钱包者通常在银行里都是有账户的。

支付操作通常需要在电子钱包服务系统中进行。目前有 VISA Cash 和 Mondex 两大在线电子钱包服务系统。使用电子钱包时，将相关的应用软件（电子商务活动中，电子钱包软件通常都是免费提供的）安装到电子商务系统服务器上，利用电子钱包服务系统就可以把自己的各种电子货币或电子金融卡上的数据输入进去。

案例 8-2

支　付　宝

支付宝是国内领先的移动支付平台之一，内置风靡全国的平民理财神器余额宝（见图 8-5），具备还信用卡、转账、充话费、生活缴费等功能，还能打车、去便利店购物、去自助售货机买饮料……

2013 年第二季度，支付宝手机支付活跃用户数位居全球第一。2014 年 12 月 9 日，支付宝开通了苹果手机的指纹支付功能，使用 iPhone 5S 及以上手机型号、操作系统在 iOS8 以上的用户在 App Store（应用商店）中将支付宝升级至最新版本后即可开通指纹支付功能。支付宝 2015 年 2 月 9 日宣布，从 2 月 11 日到 2 月 19 日，支付宝与品牌商户一起向用户发放约 6 亿元的红包。其中，现金超过 1.56 亿元，购物消费红包约 4.3 亿元。

图 8-5　余额宝界面

思考

1. 支付宝的功能有哪些？
2. 比较支付宝和微信钱包的异同点。
3. 谈谈余额宝的作用。

课堂随笔

六、网上银行

网上银行又称网络银行、电子银行、虚拟银行，实际上是银行业务在网络上的延伸，具有以下几个特点。

（1）全面实现无纸化交易；

（2）服务方便、快捷、高效、可靠；

（3）经营成本低廉；

（4）简单易用。

图 8-6 所示是中国农业银行网银支付界面。

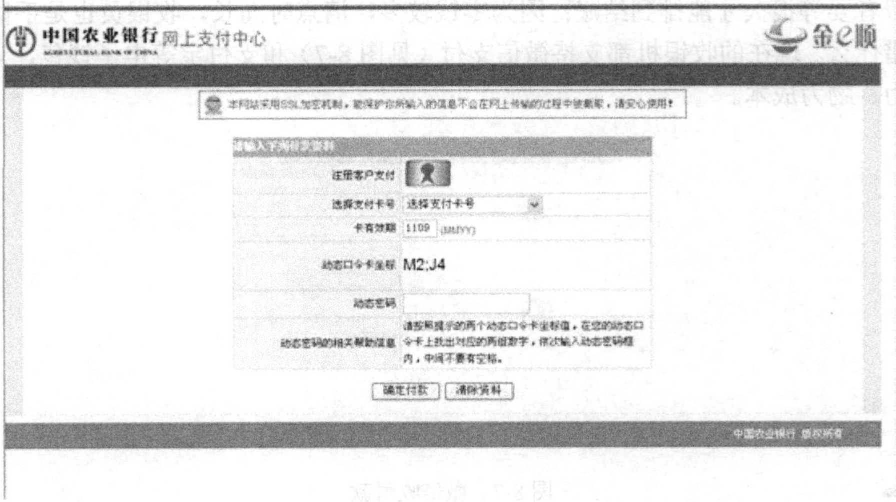

图 8-6　中国农业银行网银支付界面

七、刷脸支付

刷脸支付是基于人工智能、机器视觉、3D 传感、大数据等技术，以人脸识别技术为核心的新型支付方式，具备便捷、安全、体验好等优势。消费者在结账时面对刷脸支付终端上的摄像头，系统自动拍照，扫描消费者面部，再将面部信息与数据库中的存储信息进行比对，同时与支付系统相关联，等到消费者的身份信息显示出来后，在屏幕上点击“OK”按钮确认，全部交易过程即告完成。2013 年 7 月，芬兰的创业公司 Uniqul 推出了史上第一款基于脸部识别系统的支付平台——Unique 支付系统。2017 年，随着智能手机厂商陆续推出人脸识别功能，刷脸支付开始在中国大面积使用，渗透到零售商超、餐饮等生活主要场景，行业呈高速增长态势。

2019 年 11 月，艾媒咨询发布的数据显示，预计 2022 年中国刷脸支付用户将突破 7.6 亿人。刷脸支付的发展及普及，对于提升用户移动支付体验、改善商户经营效率、带动经济社会智能化发展具有重要价值。业内专家认为，刷脸支付的兴起不仅改变了人们的生活，更带动了相关移动支付产业链的腾飞。尤其是 5G、人工智能等前沿科技加速落地，中国刷脸支付产业正在加速崛起。

练一练

在购物中体验一次刷脸支付，记录下支付的流程，说说刷脸支付与其他支付方式不一样的地方。

十几年前，人们排着大长队在柜台结账，尤其是节假日高峰期，结账的队伍能排十几米，消费者要等很久才能排到结账；因为零钱较多，清点时间长，收银员也是手忙脚乱，生怕弄错什么。现在的收银机都支持微信支付（见图 8-7）和支付宝等电子钱包，节约了大量的人力、物力成本。

图 8-7　微信收付款

练一练

请登录阿里巴巴、淘宝、京东平台，了解平台的用户体验和网络支付方式，试对卖家平台进行管理。

任务二　电子商务的安全问题

导入案例 8-2

App 的开发有序地进行着，小龙的经理对网络安全问题还是比较重视的，他要求小龙时刻关注政策法规及平台规则的更新，以免影响网络平台的销售。

案例思考

你知道相关的政策法规吗？上网查一查吧。

电子商务是未来 IT 业最有潜力的增长点之一。电子商务的安全问题仍然是影响电子商务发展的主要因素。在开放的网络上进行交易，如何保证传输数据的安全成为电子商务能否更深入发展的重要因素。调查公司曾对电子商务的应用前景进行在线调查，当问到为什么不愿意在线购物时，绝大多数人担心遭到黑客的侵袭而导致信用卡信息丢失。因此，有一部分人或企业因担心安全问题而不愿开展电子商务。所以说，安全是电子商务发展中的一大障碍。

电子商务的安全问题其实也是人与人之间的诚信问题，和传统贸易相似，均需双方的共同协作和努力。电商服务的地域差异大；在线购物发票问题大；卖家对订单的回应速度参差不齐。

案例 8-3

如何买到心仪的商品

几年前，有一位消费者在网上订购了一个新款女式背包，收到货后，感觉虽然质量不错，但不管怎么看，都没有网上展示得好看。许多消费者都反映实际收到的商品不是在网上看中的商品。这是怎么回事呢？其实在把一件立体的实物缩小许多并变成平面图像的过程中，商品本身的一些基本信息会丢失，输入计算机的只是商品的部分信息，人们无法从网上得到商品的全部信息，尤其是无法得到对商品的最鲜明的直观印象。

思考

1. 请查找你的手机配置信息，分析信息来源是否存在网络营销的影子。
2. 不同的手机店铺是怎么推广产品的呢？
3. 上述消费者的经历是否对小龙为公司策划服饰推广方案有用？

课堂随笔

____

____

____

____

一、管理安全

电子商务的多姿多彩给世界带来了全新的商务规则和方式，这更加要求在管理上做到规范，包括商务管理、技术管理、服务管理等多方面，而要同时在这些方面达到一个比较令人满意的规范程度，不是短时间内就可以做到的。另外，电子商务平台的前后端相一致也是非常重要的。前台的Web平台是直接面向消费者的，是电子商务企业的门面；而后台的内部经营管理体系则是完成电子商务的必备条件，它关系到前台所承接的业务最终能不能得到很好的实现。一个完善的后台系统更能体现一个电子商务企业的综合实力，因为它将最终决定提供给消费者的是什么样的服务，决定电子商务的管理是不是有效，决定电子商务企业最终能不能实现盈利。

二、知识产权安全

在由电子商务引起的法律问题中，保护知识产权问题值得重视。由于计算机网络上承载的是数字化形式的信息，因而在知识产权领域（专利、商标、版权、商业秘密等）中，版权保护的问题尤为突出。

案例 8-4

百度文库侵权门

在2011年3月15日的消费者权益保护日，韩寒、郝群（笔名慕容雪村）等50位作家以版权所有人身份联名发表公开信《3·15中国作家讨百度书》，抗议百度文库向网民免费提供作品下载的行为，文章措辞严厉，称百度为“窃贼公司”，偷走了作家们的作品、权利和财物。随后，一场被简化为出版业与互联网业就“侵权与分享”问题的过招开始。

两天后，中国音像协会唱片工作委员会加入“战团”，公开声援文学界维权的呼吁和行动。这使得百度再次陷入知识产权侵权的舆论旋涡。这被人们称为“百度文库侵权门”。

思考

1. 请了解这次侵权事件，谈谈你的看法。
2. 如何通过法律法规避免侵权事件发生呢？

课堂随笔

三、法律安全

传统商务交易中所采取的书面合同已经不适用于电子商务了，国家先后对数字化签名和数字化印章的使用予以法规规定，但电子合同仍存在容易编造、难以证明其真实性和有效性的问题。

为了保障电子商务各方主体的合法权益，规范电子商务行为，维护市场秩序，促进电子商务持续健康发展，国家制定《中华人民共和国电子商务法》，并于2019年1月1日起施行。

四、配送安全

早期的电子商务中，配送是让商家和消费者都很伤脑筋的问题。消费者经常遇到交货延迟的现象，而且配送的费用很高。业内人士指出，中国国内缺乏系统化、专业化、全国性的货物配送企业，配送销售企业没有形成一套高效、完备的配送管理系统。

伴随着电子商务行业的兴起，整个快递行业也迅速做大，如三通一达、顺丰均发展迅猛。顺丰是第一家用自己的飞机送货的民营快递公司，资料显示，截至2019年9月，顺丰自有飞机57架、车辆4万多辆。民营快递公司正努力解决电子商务面临的配送安全和时效困境。

练一练

回忆你的购物体验，想想物流配送出现过的问题。讨论一下各个快递公司之间的差异。

任务三　电子商务的标准问题

2007年1月，国家正式成立电子商务标准化总体组，这是我国电子商务国家标准的总体协调和规划机构，其主要职责是推进我国电子商务标准化工作的进程，促进骨干企业参加电子商务国家标准的制定工作，强化电子商务标准的应用与实施。《电子商务“十二五”发展规划》明确提出：面向电子商务不同业务形态发展的实际需求，加快电子商务服务规范和技术标准的制订、修订和推广应用。

但各国的国情不同，在外贸电子商务交易额巨大的今天，我们要面对的是无国界、全球性的贸易活动，如何统一电子商务交易方式和手段也是当务之急。各国应该在电子商务交易活动中建立相关的、统一的国际性标准，以解决电子商务活动的交互操作问题。

案例 8-5

海淘之路

海淘最初的定义是国内消费者从海外商城购物并运送到国内的收货地址，后来发展为3种模式。

第一种是传统转运模式，需要将国外电商的货物通过转运公司运送到国内（见图8-8）；第二种是直邮模式，国外的电商可以直接将商品寄往中国境内；第三种是跨境电子商务模式，主要指国内电商从国外仓库或国内的保税区仓库发货，由于也需要经过海关清关等入境过程，所以也划分到海淘。

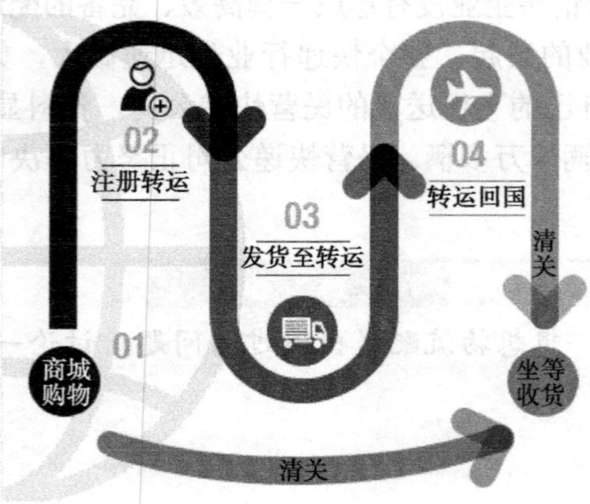

图 8-8　传统转运模式

随之，海淘也从最初的追求性价比为主，逐渐转变到追寻品质口碑商品和个性化购物上，国内跨境购物的市场规模也已经扩大到万亿元级别，并且还在以每年30%的速度递增。而各种商城也在不断推出便于海淘的服务，降低海淘门槛，现在，不懂外语、没有信用卡都不再是阻挡海淘的障碍了。

但在挑选产品时，鞋类的尺码、衣服的尺寸标准和国内有所不同，很多买家也会受此困扰。

思考

1. 请登录美国亚马逊网站查询鞋类尺码的标准，并和国内尺码做对比。
2. 你认为尺码有必要统一标准吗？
3. 国内外的电子商务平台还有哪些不统一的标准？请找找例子，并进行小组讨论。

课堂随笔

练习题

一、选择题

1. 网上银行作为高新技术的银行服务手段，与传统的银行服务体系相比，具有（　　）特征。

A．更好的客户服务模式　　B．更高的经营成本

C．更安全的付款方式　　D．更高的交易成本

2. 所谓电子支付，是指以电子计算机及其网络为手段，将负载（　　）取代传统的支付工具用于资金流程，并具有实时支付效力的一种支付方式。

A．有特定信息的电子数据　　B．有秘密信息的电子数据

C．有一般信息的电子产品　　D．有通用信息的电子数据

3. 下列选项中，不属于电子支付的特征的是（　　）。

A．电子支付具有较大的安全性

B．电子支付是一种合同履行方式

C．电子支付是金融服务的一种新形式

D．电子支付具有技术性

4. 数字化的信息具有（　　）特点。

A．易损耗性　　B．不易篡改性

C．易复制性　　D．不易利用性

二、简答题

1. 电子商务安全涉及哪几个方面？

2. 电子商务支付方式有哪些？

三、综合实训题

据中国国家统计局给出的数据，2019 年，全国网上零售额为 106324 亿元，比 2018 年增长 16.5%，移动电话的普及率上升至 114.4 部/百人。传统行业都在积极朝电子商务的方向发展，小龙所在的 EC 公司也不例外，请你帮助他完成 EC 公司的支付方式使用方案。

设计要求如下。

1. 过程要求：学生搜集支付方式的详细情况，根据 EC 公司的产品特点拟出支付方式使用方案；小组讨论后形成方案；组间交流，教师对各小组的初稿进行点评；学生修改初稿，形成定稿。

2. 成果要求：帮助小龙针对公司的休闲运动服饰 App 项目设计支付方式。

3. 其他要求：能利用互联网查找相关资料，顺利进行团队合作；在讨论时能围绕主题清晰表达自己的观点，会倾听他人的想法；能熟练使用计算机办公软件；面对困难时能提出合理的解决方法。

四、项目实操题

根据学校的实际情况进行平台或店铺开发，并选择合理的支付方式。

1. 由教师指定或学生自主选择产品，产品选择要符合网络营销的特点，要有实际营销

的可行性。

2．借助网站浏览、搜索引擎搜索、数据库搜索等手段收集产品资料，包括产品功能、特点；行业、目标客户；网上营销现状（有哪些营销网站）；销售方式、价格、配送方式等；存在的问题。

3．撰写一份项目计划报告，字数要求在3000字以上。

4．要求每个人独立完成，不得相互抄袭，不得抄袭他人已有成果。

五、拓展延伸题

阿里巴巴国际站的操作

TradeManager（阿里巴巴国际版）类似于QQ，是外贸业务员用来与客户沟通及关注后台数据的工具。每个外贸业务员必须有一个账号，最好24小时在线，并设置成开机自动启动。这也是使曝光率提高、询盘量增加的一个因素。当然，也可以在阿里巴巴中国站和淘宝上使用TradeManager。

1．进入阿里巴巴后台

从TradeManager的管理入口可以进入阿里巴巴的后台界面，如图8-9所示，在这里可以进行一系列的操作。

图8-9　阿里巴巴的后台界面

2．产品管理

产品管理主要用于发布产品。

（1）如果是发布新产品，单击后台界面导航栏中的“产品管理”链接后，即可进入“发布产品”界面。例如，要发布手表，可以在“搜索类目”下的“请输入产品关键词”文本框中输入“watch”（手表），把产品信息填写完整，即可发布，如图8-10和图8-11所示。

目前一般都是使用英文发布产品，如果需要使用其他语言发布，则在“发布产品”界面中选择其他语言市场即可。

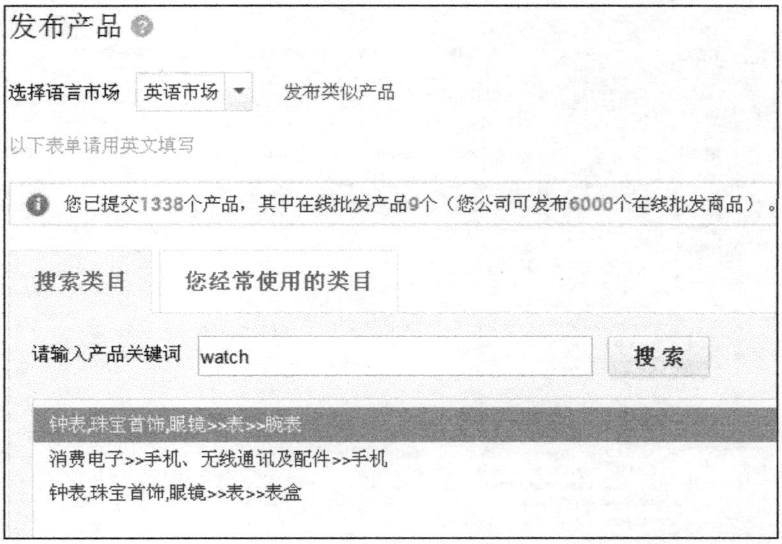

图 8-10　“发布产品”搜索界面

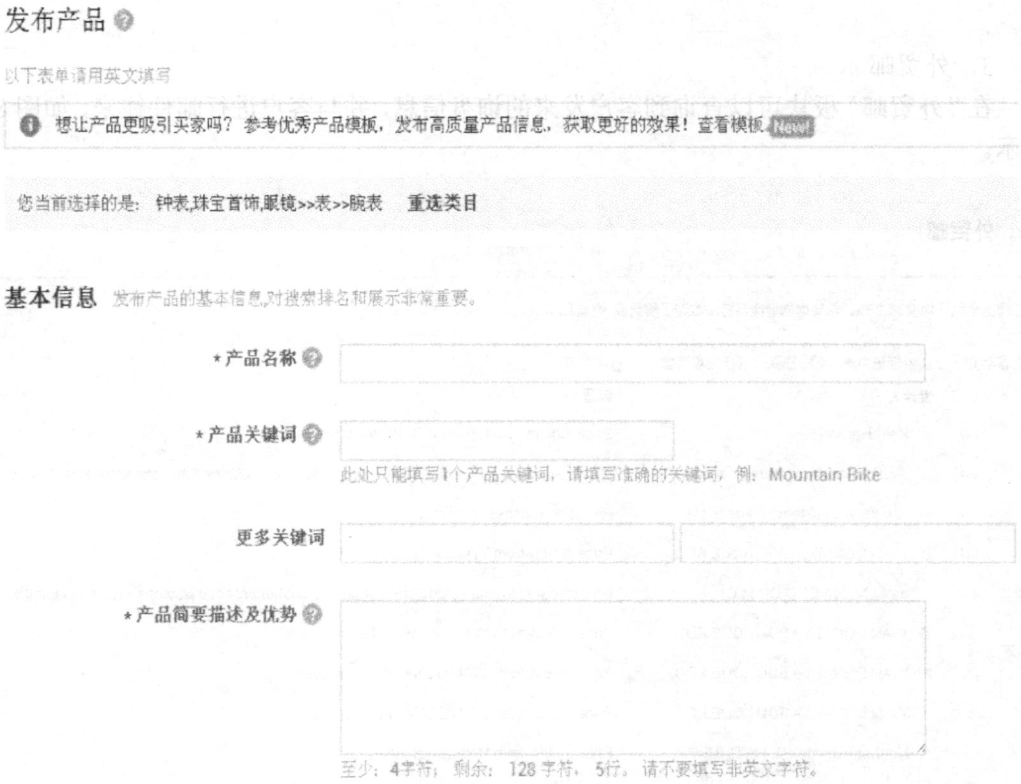

图 8-11　“发布产品”信息填写界面

（2）如果是发布已发布产品的类似产品，就不必再这样填写信息了，只需要单击“管理产品”链接，再在右侧的界面（见图 8-12）中找到以前发布过的产品，进行修改后上架产品就可以了。

图 8-12 已发布过的产品界面

3．外贸邮

在“外贸邮”板块可以查询到客户发来的询盘信息，并与客户进行邮件往来，如图 8-13 所示。

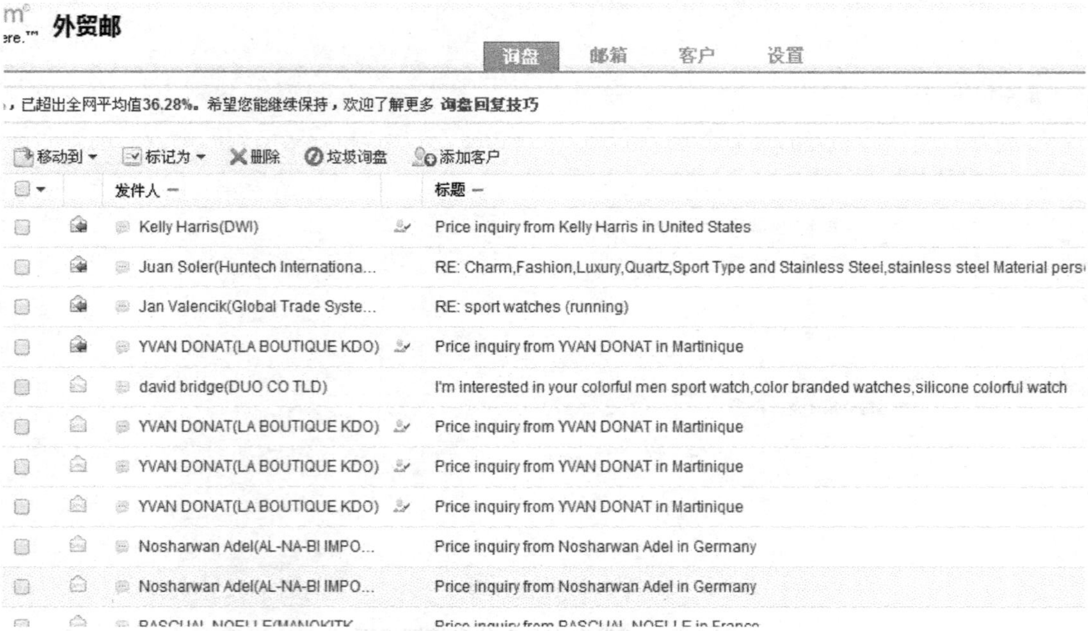

图 8-13 “外贸邮”板块

4．数据管家

（1）“数据管家”板块包括“数据看板”“经营数据”“趋势分析”“店铺热品”等内容，可以查看店铺访问人数、店铺访问次数、搜索曝光次数、搜索点击次数、询盘人数、询盘个数等，如图 8-14 所示。

图 8-14 “数据管家”板块的店铺访问情况界面

（2）可以在“数据管家”板块查看产品分析情况和零效果产品（见图 8-15），要及时对零效果产品进行修改。

图 8-15　“数据管家”板块的零效果产品界面

（3）发布产品前要想好关键词。这时就可以利用“数据管家”板块的“热门搜索词”和“行业视角”选择合适的关键词，如图 8-16 和图 8-17 所示。

图 8-16　“数据管家”板块的“热门搜索词”界面

图 8-17　“数据管家”板块的“行业视角”界面

5．管理 RFQ

RFQ 的全称是 Request For Quotation，即报价请求。如图 8-18 所示，定制与产品相关的 RFQ，才能看到国外客户在这里发布的采购需求，然后根据其要求进行报价。如果客户对报价满意，就会进一步洽谈，然后下订单。当然，外贸业务员不能只针对 RFQ 进行简单报价后就不闻不问了，而要利用得到的客户信息（如邮箱等）主动与客户联系，使用各种技巧吸引客户，从而把每个 RFQ 促成实盘，最后促成订单，签订合同。

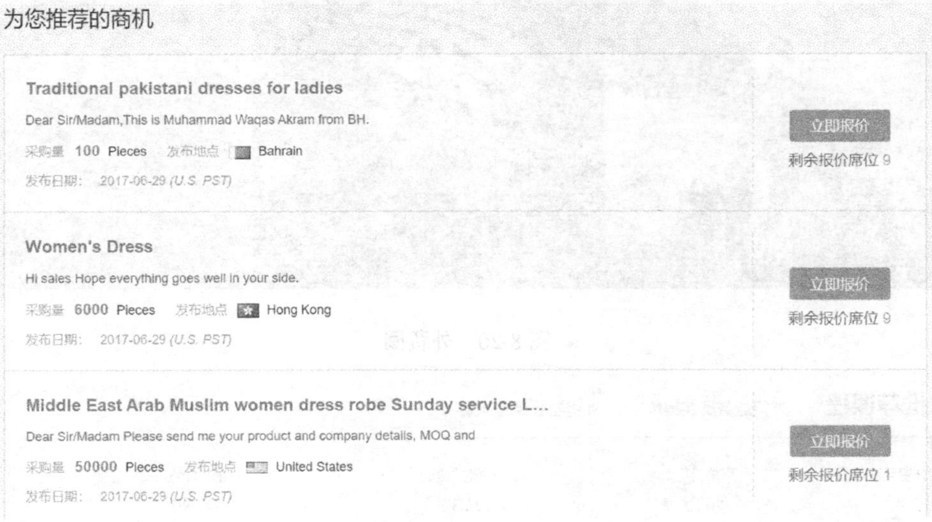

图 8-18　RFQ

6．外贸工具

“外贸工具”是进入外贸圈的快捷入口，可以根据自己的需求来使用它的各种功能，如图 8-19 所示。

图 8-19　外贸工具

7．外贸圈

在阿里巴巴后台有一个“外贸圈”链接，提供了很多外贸方面的知识，如图 8-20 和图 8-21 所示。如果是刚刚进入这个行业的新手，或者还有些地方不太熟悉，建议多进去学习。

图 8-20　外贸圈

推荐课程　外贸业务员课程体系 | 外贸老板课程体系

外贸电商入门	网络推广 网络工具使用	外贸单证 贸易术语	出口流程 订单跟进
开通店铺	全球旺铺 数据管家	MY ALIBABA 金品诚企	网站安全 职业技能
增加曝光推广引流	多语言市场 客户开发	物贸一体 在线批发	外贸直通车 外贸人心态管理
获得买家	询盘处理 外贸邮	展会及看厂 采购直达	大市场外贸行情 ESCROW
订单处理	付款方式 退税结汇	订单跟进 一达通	报关物流 外贸人心态

图 8-21　外贸圈推荐课程

思考：如果你是一名外贸业务员，你会这些操作吗？一起来试试吧。

1．产品发布

要想得到订单，必须将产品发布到网上才能被客户注意到，因此发布产品是外贸业务员的基础工作。

（1）搜集图片。可以去阿里巴巴中国站、淘宝、eBay、全球速卖通、敦煌网上搜集图片，如果能把图片要过来就更好了。收到图片后要进行简单的处理，如把图片的宽度改为 600 像素，主图加框，并且编号。将所有搜集到的图片整理到表格中，标记好价格、尺寸、材料、颜色组成、装箱方式、供应商联系方式、网址等。

参考网址：

阿里巴巴中国站：www.1688.com

淘宝：www.taobao.com

eBay：www.ebay.com

全球速卖通：www.aliexpress.com

敦煌网：www.dhgate.com

（2）搜集关键词。整理一个关键词表格，其中要包含货号、关键词、中文翻译、供货商竞争度、橱窗数、搜索热度、排名等，还要注意筛选品牌禁售词。遇到不懂的单词时，要用翻译工具（如有道、谷歌等）进行翻译。

（3）输入产品信息。打开关键词表格，选择一个关键词，复制后粘贴到“产品关键词”文本框中，再选择一些关键词作为“更多关键词”，但注意要与产品关键词相关。将用过的关键词标注颜色，以免下次重复使用。把“产品关键词”和“更多关键词”都复制好后输入产品名称，并且将首字母改成大写形式，然后复制标题，粘贴在“产品简要描述及优势”文本框的第一行，再在其下面填写相关描述信息，上传产品图片，如图 8-22 所示。

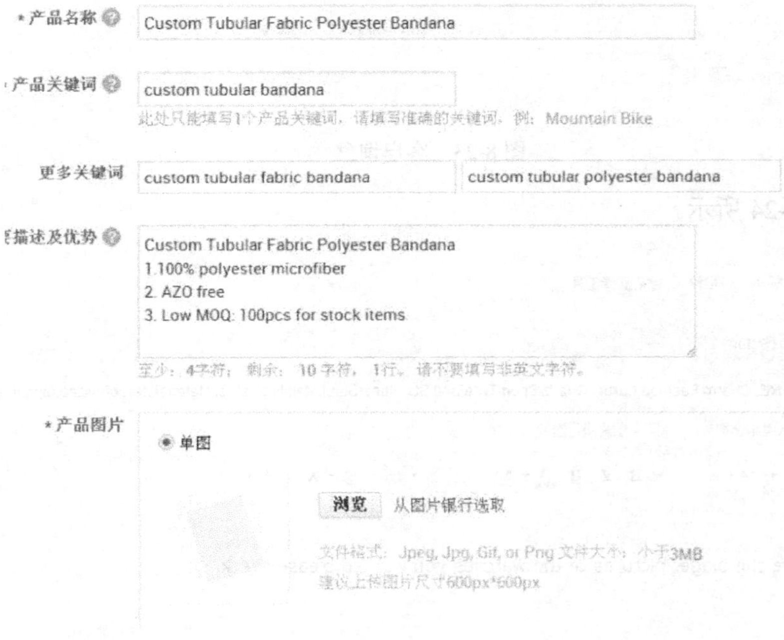

图 8-22　输入产品信息和上传产品图片

2．产品资料更新

（1）每天要发布一些新产品，尽量做到每个产品的“产品关键词”都不同，以达到全面覆盖关键词，从而提高曝光量。

（2）首页橱窗产品每 2 周更新一次，更换掉冷门的产品，换上新产品，以充分利用橱窗，保持网页的新鲜感。

3．询盘回复

当上传的产品达到一定的数量，而且产品信息相对优质的话，询盘会自然而来。这个时候就要知道如何回复询盘。回复要简洁明了，客户问什么就答什么，不要长篇大论，因为客户没有那么多时间看。还要注意字体、大小统一，颜色不要太多，需要重点标记的地方可以用红色标记；每句话都要顶格写，这与我们平常用的格式不太一样。

例如，客户询盘如图 8-23 所示。

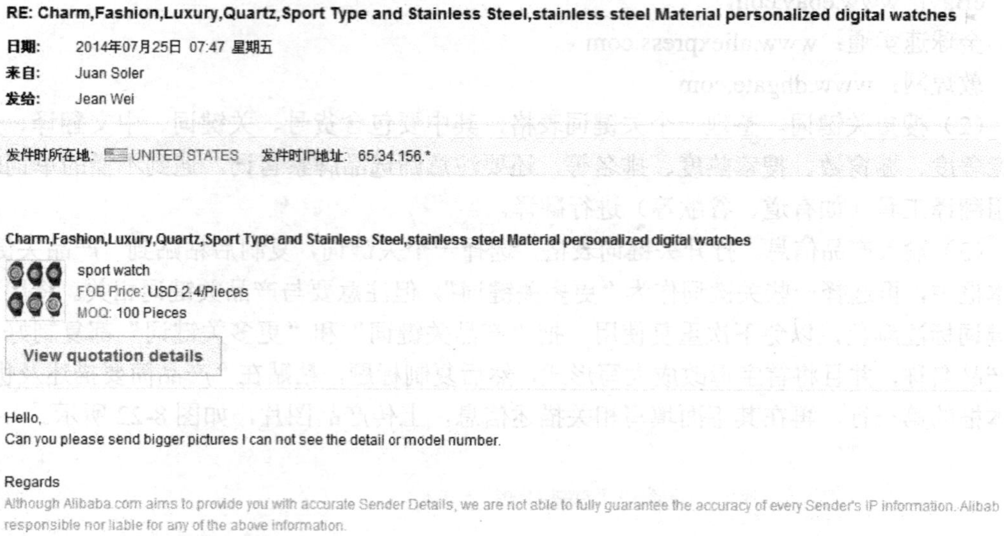

图 8-23　客户询盘

回复如图 8-24 所示。

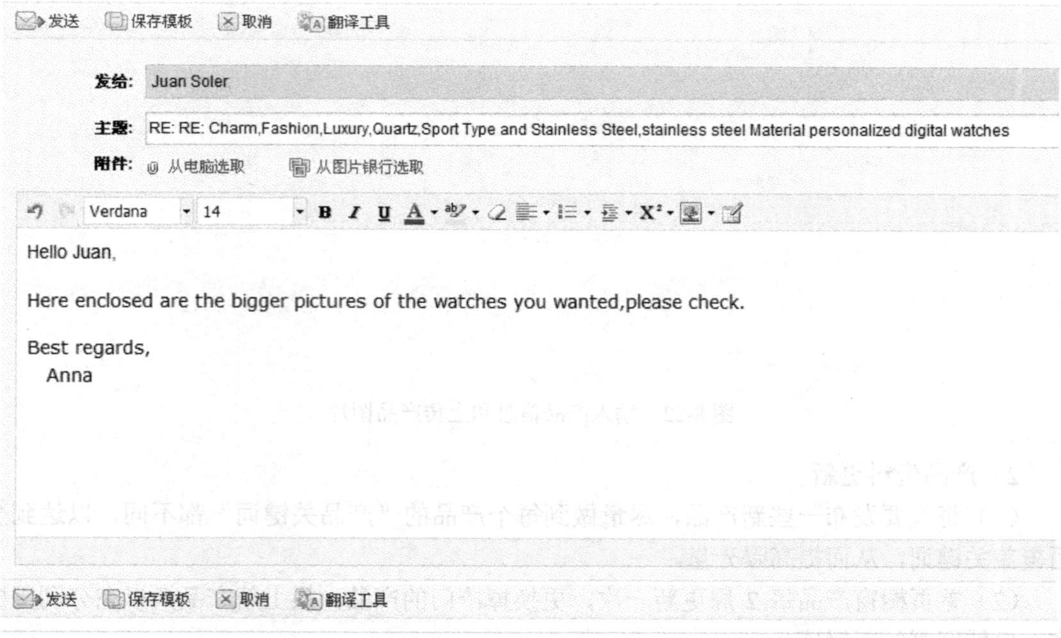

图 8-24　客户询盘回复

收到询盘后要将它们按 A、B、C、D 级进行保存，参照表 8-1 建立客户管理档案。每月固定时间，外贸业务员需将所有 A 级客户名单及具体情况提交给部门经理。第一次回复客户但没有再收到消息的话，可以在客户联系表里做个记号，在“跟踪情况”一栏写上：

某月某日给其发邮件，无回复，定某日再跟踪。

表 8-1　客户管理档案

阿里巴巴国际站客户管理档案（包括询盘、RFQ 及其他新开发客户）									
客户名称	客户等级	国家	询盘时间	询价产品	电话号码	邮箱	公司名称	客户网站	跟踪情况

注：

A 级：有明确意向，成交可能性较大的客户。

B 级：有意向，但有些犹豫，需要经过努力才能争取的客户。

C 级：有意向，但属于长线采购，周期较长，不确定因素较多的客户。

D 级：意向不明确，但也有可能成交的客户。

4．客户下单

（1）如果客户通过邮件确定了订单，就可以给客户发 Invoice（费用清单），要求客户付 30%的订金。

（2）拟一份合同，让客户盖章发回后按合同要求付定金，收到定金后才安排生产。要注意安排生产前要跟客户确认好一切细节，绝对不能货出来了，却没有达到客户的要求。

（3）工厂一般都是很忙的，如果不闻不问，工厂可能会认为订单不急，便排在最后，从而影响交货。所以，一定要监督好工厂的订单生产。临近交货期一周时，要去工厂看看是不是按照要求在做，一旦发现问题立即纠正。

5．交货

等货快做好了，就发邮件告诉客户，让客户按合同要求付余款。收到余款后安排发货。

6．售后跟踪

货发出去后，不代表就可以不闻不问了。因为不能做一次性的生意，每个客户都来之不易，最好把客户发展为长期的合作伙伴，所以货发出去后，要密切注意这批货的物流信息，并发邮件告知客户，同时询问客户对这批货的满意度。这样客户会产生信任感，有助于以后长期合作。

附录A

电子商务综合实训——智慧校园项目策划

电子商务作为21世纪商业领域的伟大产物，其蓬勃发展的势头正强劲。要想在电子商务领域站稳脚跟，质量上乘的产品、热情周到的售后服务是成功的基本要求，而良好的购物体验更能给消费者留下直观的第一感受，所以其重要性可见一斑。从最早的电子商务改变购物体验到彻底改变生活方式，不过短短几年，如今的学校也离不开电子课堂。如同智慧地球一样，智慧校园与时下发展得如火如荼的物联网技术密不可分。IDC（互联网数据中心）预测，到2020年底，全球将有310亿个互联设备联网工作。届时，人们将体验到连续的、无处不在的互联网。

智慧校园指的是以物联网为基础的智慧化的校园工作、学习和生活一体化环境，这个一体化环境以各种应用服务系统为载体，将教学、科研、管理和校园生活进行充分融合。2010年，在信息化"十二五"规划中，浙江大学提出建设一个"令人激动"的"智慧校园"。这幅蓝图描绘的是，无处不在的网络学习、融合创新的网络科研、透明高效的校务治理、丰富多彩的校园文化、方便周到的校园生活。简而言之，要做一个"安全、稳定、环保、节能"的校园。

未来教室将彻底颠覆学生、家长对传统教室的印象。在这个教室里，最大的变化是没有黑板，也没有粉笔，更没有教科书，只有一个像超大屏幕的电子白板，教师的手轻轻一指，所有的教程就以图文并茂、声像结合的形式出现在学生的眼前。而学生也不再需要背着几千克重的书包，只要随手拎一个电子书包即可轻松上课，电子书包里装满了生动有趣的互动教材，能在上面直接做好作业并提交，也能在上面回答教师提出的问题，它就是一个专用的学习Pad（平板电脑）。

未来教室的最大特色在于互动连接，除了可以进行课堂多媒体互动，还可以通过远程互动系统实现班级与班级、学校与学校之间的高清互动学习，学生就像坐在一个超大的公共课堂，分享来自全球的优秀教师的讲座与教学资源。学生共同学习书法、聆听"国学"，在这个未来教室里，真正实现"天涯若比邻"！

这样一个智慧校园，其系统平台的功能应该是怎样的？又应该如何去建设呢？

第一，智慧校园所依附的平台必须与高校学生群体的习惯和偏好相符，正所谓"人到哪里，我们就去哪里"，目前，高校学生群体广泛使用的平台应该是智慧校园统一平台。有数据表明，校园内手机即时通信的使用率高达91%，所以，智慧校园平台可以考虑搭建在即时通信系统上。

第二，这个平台必须能支持信息精准传递，提高学校和学生之间进行信息传递的效率。智慧校园的系统平台应该支持多层操作，为不同的人群提供不同的管理权限。理想的情况是，一个高校就是一个统一的认证账号，不论是各个机构还是各院系老师，都可通过这个账号对不同的学生发送不同的消息，信息数量是不受限的。

第三，这个平台必须能够提供成熟的应用模块，实现智慧管理。智慧校园的系统平台需要提供模板，校方不需要另外开发就能顺利接入，学生能在移动端实现校内吃、住、行等一体化数字功能。

第四，这个平台的建设、维护成本必须低。校方可以借助成熟平台（如腾讯等），使用现有成熟服务，利用现成的公众平台作为入口，去打造智慧校园。

“互联网+”与校园的结合迫在眉睫。事实上，针对上述痛点和解决思路，各大学校一直在思考和探索解决方案，如通过校园公众号，尝试在精准信息、智慧管理、技术开发、支付能力等方面提供一揽子解决方案，升级建设智慧校园。

案例

智慧校园

1. 手机开门

“宿舍钥匙、抽屉钥匙、教室钥匙……一大串，每次打篮球都会忘记带，但是自从我认识物联网后再也不用担心因为没带钥匙而被‘拒之门外’了，手机也能开门。”鹰潭某学院的小陈同学说。说罢，他从口袋里拿出手机，在门禁读卡器前轻轻一晃，“嘀”的一声，宿舍门开了。小陈还表示，除了宿舍门外，教室门、办公室门都能通过这款“翼机通”手机打开。同时，学校还借助门禁子系统对持卡人权限进行管理，大大提高了身份识别的安全性。

2. 手机借书

今天没带借书卡，就没办法去图书馆自习、借阅、归还了？有了物联网，你不必再纠结。借助物联网智慧校园系统全面对接图书管理系统，将用户借阅信息读入手机卡中，使用这项业务的手机用户便能轻松实现图书的借阅和归还，还可通过短信完成查询、预约、到期提醒、续借等增值服务。

3. 手机考勤

在“建筑学”课程结束后，教师通过后台基础数据库调出本月授课考勤记录，准确识别出班级所有人员的缺勤情况，时间精确到秒，既节省了时间，又杜绝了别人代替签到的问题，给日常教学管理提供了巨大帮助。教师不用花太多时间在点名上，缺勤、迟到一目了然，学生上课的积极性也提高了。

4. 手机消费

记者了解到，中国电信“翼机通”也是运用了物联网技术，它的支付业务还能让手机实现支付功能。教职员工、学生可以用手机在学校食堂、周边商家轻松消费，也就是说，手机不仅能发短信、打电话，还是一个电子钱包。用手机完成小额支付不但节省了时间，也免去了现金找零的麻烦，还能实现自身对校园消费的管控，培养学生良好的消费观。

思考

你想要这样的智慧校园吗？除此以外，你还想要什么其他功能吗？

课堂随笔

______

______

______

______

练一练

小龙准备联系公司和母校一起合作，推动智慧校园项目。讨论一下这个项目的策划书该怎么写，提提建议，帮助小龙一起完成这个项目策划书。

思考：根据你所在学校的情况，找出5个能进行智能化改进的方面：

（1）

（2）

（3）

（4）

（5）

根据你列出的5个方面进行项目设计。

1. 项目名称：（参考：大学生智慧校园项目）

2. 项目建设单位和团队。

（1）项目建设单位简介

（2）项目团队简介

3. 项目概况（简要说明）：项目建设目标、规模、内容、建设期、总投资及资金来源、经济与社会效益、风险。

（1）项目概况（参考下列提示，撰写自己的项目概况）

大学生智慧校园项目基于大学生兼职网，对本土大中专高等院校展开深度开发，主要板块有大学生兼职、大学生金融、大学生外卖、大学生交友等。本项目旨在以大学生兼职网现有的3.8万名会员为基础，进一步拓展大学生市场，研发智慧校园手机App，用于校园三大板块的业务开展，打造一款服务于本土高校的校企互动手机平台，让企业对人才的需求直接深入校园，为企业培训更加合适的人才，同时进一步丰富大学生的校园生活，为大学生提供更加便捷的校园生活服务，实现大学生市场O2O模式的发展。智慧校园将使学生的大学生活更便捷、更健康。

（2）项目板块 （参考下列提示，设计自己的模块）

① 大学生兼职板块：改变现有海南省大学生兼职的操作模式，以“0”会费的形式更好地服务于学生，提供更多的兼职机会，同时开展大学生就业培训，实现职场培训进校园，进行一对一订单培训，改变大学生就业难的现状。

② 大学生金融板块：基于大学生兼职，开展大学生理财、分期付款、企业订单式培养贷款、成长基金等，解决大学生的校园经济问题。

③ 大学生外卖板块：根据目前大学生的校园生活习惯和消费模式，越来越多的大学生选择在宿舍用餐，这样为外卖创造了很大的市场机会。大学生外卖板块的开设，主要基于兼职板块的支撑，一方面解决学生的兼职需求；另一方面解决商家的送餐问题。

④ 大学生交友板块：通过兼职、培训、校外活动等拓展学生的生活圈子，丰富课余生活，改变大学生的校园生活现状，以便获得更多发展机会。

4. 平台功能（填入表 A-1）

表 A-1 平台功能

功能类别	功能名称、标识符	描述